現代カタストロフ論

——経済と生命の周期を解き明かす

金子 勝 Masaru Kaneko
児玉龍彦 Tatsuhiko Kodama

岩波新書
1953

はじめに――「現代カタストロフ論」とは？

カタストロフへ至る時間は限られている。

本書で、われわれ二人は現代化したカタストロフ論を提唱する。

カタストロフ論は、第二次大戦後、フランスの数学者ルネ・トムにより提唱された。トムは生物の変態に啓発され、安定的な形が壊れるように見えるカタストロフが、破滅ではなく次の安定を生みだす変曲点であることを理論化した。

それを受けて、ドイツのノーベル化学賞学者マンフレート・アイゲンはウィルスの進化の実験から、カタストロフによりウィルスが進化するという不思議な理論を提唱した。ウィルスがもし単一の種ならば、変異が増えると致死的な変異が増え、生物は自滅してしまう。しかし、もし複数の亜種の集まりからスタートすると次々とカタストロフを繰り返しながら、次の変異した亜種が現れて進化のスピードが加速される。まさに、コロナウィルスが武漢型から欧米型、さらにアルファ株からオミクロン株と進化するのを予測したのだ。

これがアイゲンのエラー・カタストロフ理論である。この理論は、いまの主流派の「偶然と必然」(ジャック・モノー)の進化論を本質的に書き換える。遺伝子が神であるかのようなゲノム万能論や、その戯画である「利己的な遺伝子」(リチャード・ドーキンス)論を本質的に否定する理論と実践の根拠を与えるものである。

一方、日本の経済社会が、分岐点にさしかかっているのは、誰の目にも明らかである。財政は破綻寸前であり、日銀の債務は出口のないほど膨れ上がり、社会保障制度は危機的状況にあり、ついに人口は減少を始めている。そこにコロナ禍の波が繰り返し襲い、ロシアによるウクライナ侵略戦争が始まった。そこでは従来の政策路線(プランA)が崩壊していくのは誰の目にも明らかだ。ヨーゼフ・シュンペーターがいう「創造的破壊」が一気に起きる時代になっている。今こそカタストロフから垣間見える中心的なメカニズムを理解し、それをもとにフィードバックの再建を軸とした代替策(プランB)を立てることが緊急の課題になっている。

生物現象と経済現象という複雑なシステムは、繰り返しながら変わっていくことを特徴とする。細胞は分裂を繰り返し、人は生まれ成人になり老化して死んでいく世代交代を繰り返す。経済現象は、主として一〇年周期の景気循環とシュンペーターが重視した五〇年周期のコンドラチェフ循環を繰り返す。

生物でも経済でも、繰り返しながら変わっていくが、ある限界までは「安定的な構造」を保ち、変化は予測される範囲におさまる。しかし、不安定な循環が重なり「安定的な構造」が壊れ、分岐点を迎え、それを経て、次の「安定的な構造」を生み出す。たしかに、同じ「安定的な構造」の間における予測は、正確な計測をもとに情報科学を駆使して計算しうる場合がある。何か同じ循環が繰り返されているように見えるが、実は繰り返しながらも変化している。

さらに、初期値または、周辺条件が限界を超えて変化すると、カタストロフと呼ばれる予測と異なる、大きな構造的変化を引き起こす。カタストロフにおいては普段、見えている複数の周期性を持つ現象が、最も大きな流れを生み出す周期性に引き込まれていく。こうした現象を「縮約」と呼ぶが、そこでは普段見えなかったシステムを支配している基礎的なメカニズムが顕現するのである。

一般的に「カタストロフ」は「崩壊」と考えられているが、実は一つの周期であり、局所的な変曲点なのである。カタストロフ論とは、一見、単純な破綻に見える分岐点において、複雑なシステムを動かす大きなメカニズムが顕現する「縮約」という現象に着目して、そこから逆に、カタストロフの次の「安定的な構造」がどう生まれるべきかを予測する方法論である。

拙著『逆システム学——市場と生命のしくみを解き明かす』(岩波新書、二〇〇四年)で明らかにしたように、生物でも市場でも複雑なシステムの「安定的な構造」は、多重的なフィードバックをもとにした「制御の束」になっている。この「安定的な構造」は、一定の範囲内の負荷への循環は、それを乗り越えていく。そして周期的なカタストロフが引き起こされる。

周期的に起こるカタストロフでは三つの誤った議論が生まれやすい。

危機が起こってもじっとしていれば大丈夫、という第一の誤り。そこから「正常化バイアス」が生まれる。ところが、「正常化バイアス」の中でも格差や歪みが生まれて止まらなくなる、という第二の誤り。そこで「いくところまで行かないと良くならない」という「カタストロフ待望論」が生まれる。さらに失敗が繰り返すと、繰り返しながら変わっていくこと自体を否定し、同じ繰り返しをすればいい、とする第三の誤り。そこから「脱成長論」が生まれる。

前述の三つの誤れる議論は、新しい「安定的な構造」への進化を阻害し、カオスから抜け出せないばかりか、強権政治に頼り、格差を固定化し、長期衰退という最悪の選択をもたらす。

生命や市場は、「エネルギー」と「情報」が流れ込み、多数のフィードバックが安定的な循環を形成する。自由と多様性が担保された、いわばダイナミックな安定性を基礎とする。それゆえカタストロフでは、この基本的なシステムは組み替えられるが、同時に、いかに周辺的な制御をどう巻き込んで再確立するのかを明らかにすることが、喫緊の課題となっている。繰り返す。カタストロフへの時間は短い。

目次

第一章　カタストロフはどのように起こるか

1　新しい時代が始まる

新しい時代が来る。それがどういう時代なのか、まだ完全にはわかっていない。たしかに、いまは戦争、パンデミック、社会不安のある時代に私たちは生きている。新型コロナウィルスの世界的流行が収まらないうちに、五〇年ぶりのスタグフレーション(不況下の物価上昇)が発生し始め、その中でロシアのウクライナ侵略が起きた。いまや世界の秩序は壊れ、崩れ出しているように見える。だが、それは古い秩序を破壊するプロセスであると同時に、新しい秩序の始まりでもある。

そうだとしても、モスクワもワシントンもなんらの希望も示せない。その中で、二〇二二年三月一日、ヨーロッパ議会に、戦火の中、ビデオで登場したウクライナのゼレンスキー大統領の演説は、プーチンによる武力行使と非人道的な戦争行為に対して自由を得るために、命がけで抵抗する決意を語った。「(プーチンが無差別攻撃した)カルキフの自由広場は我が国で一番大学が集まり、優秀な人が集まっているところです。自由広場を攻撃しても私たちの意思を挫くことはできません」「多くの子どもが犠牲になっていますが、プーチンは我々のインフラを壊し、一六人の子供が犠牲になっています。私たちは自由のために、生活のために、生き延びるために戦い続けます」と。ゼレンスキー大統領の演説は八分ほどの短いものだったが、英語通訳者はしばしば声を詰まらせて訳した演説であった。

ウクライナという決して「先進国」とはいえない東ヨーロッパの国が、秘密警察KGB出身で「専制主義」のプーチンに対抗する、ヨーロッパの新しい流れを生み出している。新しい時代は古い中心ではなく周辺から生まれてくる。象徴的な出来事だった。

ゼレンスキー大統領の演説に応えたウルズラ・ゲルトルート・フォン・デア・ライエン欧州委員会委員長は、譲れない原則について語った。ちなみに、フォン・デア・ライエン欧州委員会委員長はドイツキリスト教民主同盟(CDU)の保守政治家である。

フォン・デア・ライエンは「ヨーロッパに戦争が戻ってきました。バルカン紛争からおよそ三〇年、プラハやブダペストにソ連の戦車が入ってきてから五〇年あまり、警報がヨーロッパの首都に鳴り響きました」と宣言し、「ウクライナの運命は危機に瀕していますが、我々自身の運命もぐらついています。我々の民主主義の力を見せなければなりません」としたうえで、「みなさん、この経済制裁が我々の経済にも影響を与えることは十分認識しています。私にはわかっています。ヨーロッパの人たちに正直に申し上げます。私たちは二年間のパンデミックを堪え忍んだあと、社会と経済の回復に集中したいと思っていました。ヨーロッパの人たちはこの冷酷な攻撃に立ち向かわなければならないということをよく理解していると思います。そう、我々の自由はタダではありません。でも今は決定的な時なのです。我々は喜んでコストを支払います。なぜなら自由はプライスレス(金では買えない)だからです。これは我々にとって原理原則なのです」とロシアへの経済制裁を行う決意を語っている。

ウクライナを侵略したロシア軍は多くの民間人を殺戮し、戦争犯罪を行っている。侵略開始から二週間を過ぎた二〇二二年三月一五日時点で、すでにウクライナでは三〇〇万人を超える人々が国外に避難し、そのほとんどが父親を国内に残した多くの女性や子どもたちである。国連難民高等弁務官事務所によれば、六月一六日時点で国内外に避難しているウクライナ人は一〇〇〇万人を超えた。病院や学校の空爆、住宅地あるいは住民数百人が避難している劇場への攻撃など、非人道的な戦争行為が拡大している。こんな戦争行為を許せば、プーチンのやり方が世界中で広がり、第三次世界大戦へとつながってしまうだろう。

ナチスまがいの戦争犯罪に対して国際的批判が広がっている。二〇二二年三月一日、国連の軍縮会議でのロシアのラブロフ外相の演説に対しても、各国は一斉に退席した。国連人権理事会でも同じくロシアのラブロフ外相演説に抗議を示すために一斉に退席した。国連安全保障理事会が賛成多数で四〇年ぶりに開催を決めた国連総会の緊急特別会合は、三月二日、ロシアを批判し、軍の即時撤退を求める決議を一四一カ国の賛成、五カ国の反対、四〇カ国の棄権の圧倒的多数の賛成で可決した。

世界の危機感を共有しなければいけない。だが、立ち止まって考えてみなければならない。なぜ、どういう歴史的背景の下で、こうした事態が発生したのか。世界が直面している課題の本質を理解しなければ、この先、どういう政治や社会や経済を目指すのかも見えてこない。

筆者二人の岩波新書での共著は『逆システム学――市場と生命のしくみを解き明かす』(二〇〇四年)、『日本病　長期衰退のダイナミクス』(二〇一六年)に続く三冊目である。共通の時代に生きる中で、生物現象と経済現象の研究は同じ方法論的基礎を部分的にでも共有できると考えているからである。杉本栄一『近代経済学の解明』(岩波文庫、初版理論社、一九五〇年)やM・アイゲン&R・ヴィンクラー『自然と遊戯――偶然を支配する自然法則』(東京化学同人、一九八一年:ドイツ語版一九七五年)など、そうした優れた試みは存在するが、二〇二〇～二二年という年は、後述するように、五〇年周期で見ると、カタストロフが発生し、自然科学や社会科学にともに大きな転換期をもたらすと予想されるからである。

実際、いま私たちが経験している時代は、毎日が単なる日常の連続ではない。それは民主主義的な議論や市場メカニズムの中で漸進的に変化していくプロセスでもない。歴史や生命は、しばしばこうした断続する非線形的変化をもたらす。それがどうして発生するのかを解き明かすことが筆者二人の共通の問題意識である。

そのために、筆者らは生命現象と経済現象を繰り返す「周期」として捉える動態的視点を重視する。『逆システム学』が静態的なメカニズムを解明したのに対して、本書は『日本病』の続編であり、「周期」を扱った動態論である。筆者らはこうした動態的視点を貫くために、以下の点を強調する。

第一に、周期と言っても、同じ現象を繰り返すのではない。あくまで繰り返しながら変化(変異)する、あるいは変化(変異)しながら繰り返すメカニズムを解き明かす。そこでは静態的モデルや古典的な統計分析はほとんど役に立たない。

第二に、生命現象でも経済現象でも周期を繰り返しながらカタストロフが起こりうる。カタストロフは一見システムの「自壊」のように見えるが、周期的に起きる局所的な変曲点である。それは人間の働きかける人為的要因によっても内生的な非人為的要因によっても生じうる。

第三に、五〇年周期のように、科学技術の進歩や政治経済的な制度変更はしばしば断続的に起こるが、通常の周期の動きと相互作用して、普段は見えなかった最も大きな周期性に引き込まれていく「縮約」が生じて、大きな断続的な変化をもたらすことがある。前述したように、今はその非線形的変化が起きているので、周期論の前提的な知識としてこの巨視的な視点から見ていこう。

2　繰り返す変異株の波——リアルタイムの進化の観測

さて、社会が行き詰まってくると、人々が新しい考え方を求めるようになる。そうした時には、生物の進化に新しい考え方のアイデアが求められる。

その意味で、史上もっとも影響力があったのはダーウィンの進化論であるのは、間違いない。ダーウィンの進化論は、生物はたえず変わり続ける中で、最も環境に適応した生物が淘汰されて生き残るという、適者生存である。

「神はご自分にかたどって人を創造された」という一節のある創世記を啓典に含むユダヤ教・キリスト教・イスラム教などとは相性が悪く、人口の九九％以上がイスラム教徒というトルコで二〇〇五年に行われた調査では、進化論肯定派は二七％にとどまっているとされている。

キリスト教が主流のアメリカでも、ミシガン大学の調査では、進化論を肯定する人が二〇二〇年までにようやく過半数を超えたレベルと報告されている。

進化論を二〇世紀の、DNAと分子遺伝学の進歩に合わせて書き換えたのが、ジャック・モノーの『偶然と必然――現代生物学の思想的問いかけ』(みすず書房、一九七二年：フランス語版一九七〇年)であろう。我々の遺伝情報を記録しているDNAは、細胞が増える時に一つが二つになるように倍に複製される。その複製の時に偶然、エラーが起こる。

雨が降らなくて植物が死滅したり、オーストラリアの固有の動物種が植民者の連れてきた犬に食べられ死滅したりするような、環境の変化でカタストロフが起こったとする。いろいろな変異を持った生物の中で、カタストロフを乗り越え生き残る生物がいると、それが増殖して主流になっていく。メキシコのサボテンのような少ない雨でも生き残る植物のように。モノーによれば、これは必然だとされ、すばしこい小さな哺乳動物が、巨大な恐竜に代わって世界に繁殖していくような想像もできなかったような進化が生まれていく。

理論的にはもっともらしく見えるし、アイソトープで年代の推定された化石によって考古学で確かめられても、トルコやアメリカの人々の例を見るまでもなく、リアルタイムで実証されていない進化論はなかなか疑い深い人には信じてもらえない。

こうした中で、新型コロナウィルスの世界的流行という大転換が起きたのである。二〇一九年、中国の武漢で最初の集団感染の報告された新型コロナウィルスは、二〇二二年一一月初めまでの間に、ジョンズ・ホプキンス大学の集計では、六億三六〇〇万人を超える人が感染し、六六〇万人を超える方が亡くなったとされる。

新型コロナウィルスの感染の確認は、ウィルスの遺伝子を増幅するＰＣＲ検査で行われるから、少なくとも六億三六〇〇万人の鼻の粘膜か、唾液から遺伝子を増幅された事になる。遺伝子が採れていれば変異もわかる。科学者にとっては、進化の様子をリアルタイムに実測することができる、かつてないチャンスがやってきた。それは生物学に大きな転換をもたらす可能性を秘めている。

実際、こうして実測されたコロナの感染は、繰り返しながら変わっていくという進化論のモデルを正確に再現することとなった。コロナウィルスの名前の由来は、中世の王様のかぶっていた王冠（コロナ）のようにたくさんのとがった先に球のついたスパイクを持っているからである。このスパイクで人間の細胞に感染する。遺伝子はスパイクの形を変えるように変異し、そこで感染しやすい遺伝子を持った変異株が増えていく。

日本では、二〇二〇年の二月にウィルスの流入が確認され、三月後半からの第一波から、二〇二二年の夏までに、七つの感染増加の波が記録されている。この七つの波のそれぞれで違った変異株が増えては減っていくことがわかる。そして二〇二二年七月末の段階では日本の新規感染者数が世界で最も多くなり、八月半ばには死者数も世界一になっている。

武漢型のウィルスは、不思議なことに、内陸部の武漢から中国の沿海部にいくと拡大せず、逆にヨーロッパのイタリアで爆発的な感染を引き起こした。イタリアのミラノなどで見つかった変異株が、二〇二〇年春に流入し日本の第一波になっている。それに変異が少し増えた東京・埼玉型という二種類のウィルスが混ざっているのが夏の第二波である。残っていた第二波が、Go Toトラベルなどのため北海道などで増えて医療崩壊を引き起こすのが二〇二〇年秋からの第三波である。

こうした中で、厚生労働省の技官などが、無症状者に対するPCR検査制限論などを提言し、さらに安倍晋三内閣は、突然の全国一斉休校や、不評のアベノマスクなどの政策で失敗を繰り返し自壊していった。

だが二〇二一年になると、世界で変異のずっと多い変異株が発見される。中でもイギリスで発見されたアルファ株や、インドで発見されたデルタ株は、感染性が強く、日本に流入すると医療崩壊を引き起こしやすくなった。二〇二一年春に第四波としてアルファ株が流行し、地域

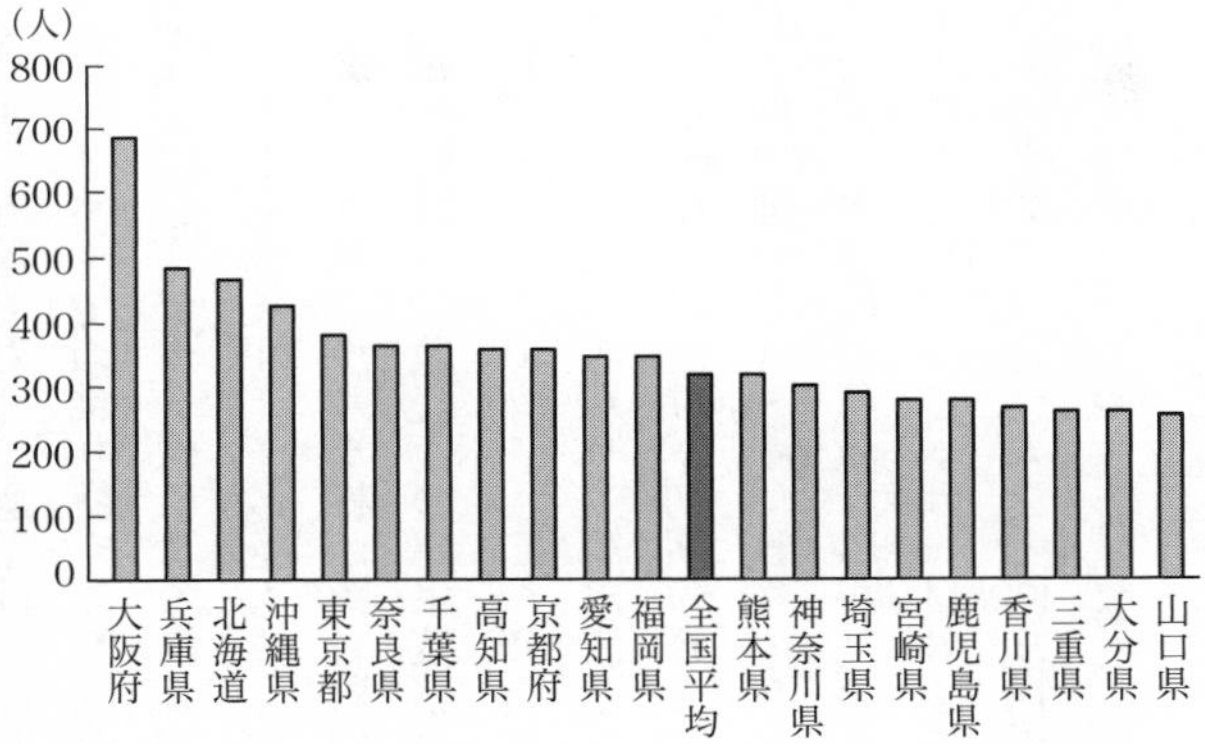

出所：札幌医科大学医学部 附属フロンティア医学研究所 ゲノム医科学部門作成

図 1-1　都道府県別人口(100 万人)当たりの新型コロナウィルスによる死亡者数(2022. 9.2)

政党の大阪維新の会に強い影響力を持つ橋下徹氏の無症状者に対するＰＣＲ検査制限論や、「身を切る改革」で公的医療機関(公立病院や保健所)を弱体化させていた大阪府では医療崩壊が一気に進んだ。そして、ウィルス感染がわかっても入院できず、自宅療養を余儀なくされそのまま亡くなった人が、大阪府の発表でも二カ月で一七名を超えるという国民皆保険の日本でかつてはありえなかったことが起こってしまった。これ以降、大阪は、都道府県別で見て、住民当たりのコロナ死者が全国平均の二倍以上と圧倒的に死亡率が高い、悪い意味でのトップを維持し続ける(図 1-1 参照)。

アルファ株が減り出した頃から、医学界からの五輪中止の意見に耳を貸さない菅義偉政権により東京五輪のための選手団をはじめ、外国からの入国者が増える。選手団では出国時は陰性でも、ドバイでの乗り換えに時間がかかり、そこで感染したと推定される流入などが増え、首都圏を中心にデルタ株による第五波の死者が増していった。結局、五輪は無観客となり、インバウンドも増えず、菅政権もまた自壊する。

アルファ株、デルタ株が落ち着いてきた時にワクチン接種を急ぐべきだったが、後継の岸田文雄政権は、失敗続きの厚生技官の根拠のない最初のワクチン接種から八カ月後の接種という接種延期策をとり、二〇二一年暮れから、さらに変異数の多く感染性の高い南アフリカからのオミクロン株が広がり、第六波となって一万人以上の方が亡くなった。オミクロン株は、アフリカ南部で発見され、初期のBA・1、BA・2から、さらに変異し、ワクチンが効きにくく、感染性の強いBA・4、BA・5へ進化する。これが欧米を経てアジアに波及すると、アジア、オセアニア諸国で急激な広がりを見せた。にもかかわらず岸田政権は対策を何もしなかった。本当に何もせず、日本は一日の感染者が二〇万人を超え世界一の新規感染者数となり、一日当たり死者数が三〇〇人を上回り世界一になった。岸田政権の下で死者はついに二万八五〇〇人を超えた(二〇二二年一一月初め)。

その中で、「維新の会」による「身を切る改革」で公立病院や、保健所の人員削減などを進めた大阪府は、高齢者施設や病院でのクラスターが増加し続け、日本平均の二倍以上のダントツの死亡率を出し続けるが、維新政治家を「ファミリー」と公称する大阪読売テレビなど大阪メディアが事実も伝えず、批判を封印し、死亡率は上昇し続ける。

リアルタイムで見ると、変異が多く生まれるウィルスから感染性の高いウィルスが広がるが、後述するような「変異が増えるとカタストロフを迎えやすくなる」というノーベル化学賞学者マンフレート・アイゲンの予測の通り、変異株が増えては減っていく同期が繰り返し現れる。「繰り返しながら変わっていく」という進化が初めて世界的にリアルタイムで観測されたのである。

3　五〇年周期で起きる政治経済の大転換

同じように、少し巨視的な視点から科学技術と政治経済の分野全体を広げて、今起きていることを考えてみよう。いくつかの特徴的な出来事をあげてみよう。現在、一〇〇年ぶりに、感染症の世界的流行が起きている。同時に、産業が大きく構造的に転換する時代でもある。エネルギー危機が発生し、再生可能エネルギーへの転換が起きつつある。世界を主導する国家の力

表 1-1　50 年周期の波動

1873 年不況〜	帝国主義の時代へ
1918〜20 年	第 1 次大戦，ロシア革命，スペイン風邪 →第 2 次大戦をはさんで重化学工業化と冷戦体制
1970 年代〜	ニクソン・ショック，第 4 次中東戦争，石油ショック →変動相場制と金融自由化，G7 体制
2020 年〜	新型コロナ，ウクライナ侵略，中国不動産バブル崩壊 →デカップリングとスタグフレーション

が弱まっており、そして戦争がある時代に、私たちは生きている。実は、歴史を振り返ってみると、人類は五〇年周期で、戦争、エネルギー危機、パンデミック、大きな産業構造の転換、社会不安などが同時に起きる時代を繰り返してきた(表1-1参照)。

まさに、五〇年ごとに「自壊」するかのように見えるカタストロフを繰り返しながら「進化」してきたのである。これから見ると、実はカタストロフとは、世界の政治経済的な枠組みが大きく変わっていく局所的な変曲点だったのである。

まず近代資本主義の最初の転換期は、一八七三年からの大不況(Great Depression)が起きたことから始まった。その前史を見ると、一八一五年の第二次パリ協定によってナポレオンが失脚してから約五〇年がたった。一八一五年のワーテルローの戦いでナポレオンが敗れて欧州においてイギリスのライバルは消え、大きな戦争は終結し、パクス・ブリタニカの時代が本格的に始まった。この時代は人口増加と穀物価格の上昇が起き、急進的議会改革運動が再び生まれ、一八一七年のデビッド・リカードの『経済学および課税の原理』が出版され、古典派経済学の時代が本格的に始まった。しかし、一八七三年からの大不況以降、フランス、ドイツ、アメリカのキャッチアップが進み、鉄鋼業や機械工業などが生まれ、諸列強による植民地獲得競争が激化し、帝国主義の時代が始まった。

第二の転換期は、大不況の開始から五〇年近くたって、資本主義最初の総力戦である第一次大戦(一九一四〜一八年)が起きたことである。この時期には、一九一七年にロシア革命が発生し、第一次大戦末期の一九一八〜一九年にスペイン風邪が世界的に大流行した。日本では一九一八年七月に米騒動が発生し、翌八月にシベリア出兵が起きた。そして少し遅れる形で日本でもスペイン風邪が大流行した。電気、ガソリンとエンジンというエネルギー転換が起き、重化学工業が興隆する時代が始まった。同時に、それは資本主義と社会主義が対立する時代になり、先進諸国内部では社会民主主義政党が生まれ政権を担うようになった。

それから五〇年たって、第三の転換期が起きた。一九七〇年代にニクソン・ショック、そして二度の石油ショックである。第二次世界大戦を経てパクス・ブリタニカからパクス・アメリカーナの時代に変わったが、この時期、パクス・アメリカーナも行き詰まった。ベトナム戦争を契機にしてアメリカの双子の赤字(財政赤字と貿易赤字)が恒常化し、一九七一年にニクソンの新経済政策によって、①ドルと金の交換が停止され、②一〇%の輸入課徴金を課し、免れるにはドルに対して他国の通貨価値を引き下げさせられ、③三カ月の賃金、物価、家賃の統制が実施された。やがてドル中心のIMF(国際通貨基金)=固定相場制が崩壊し、主要先進諸国間では変動相場制に移行した。金とドルの結びつきが完全に断ち切られ、金属通貨の時代が終焉し、信用貨幣による「紙幣本位制」の時代が始まった。

一九七三年一〇月に第四次中東戦争が起き、OPEC(石油輸出国機構)の石油会社への石油価格引き上げの要求を契機にして二度の石油ショックが起きた。先進諸国はIEA(国際エネルギー機関)を設立して対抗するとともに、軍事・外交から世界的なマクロ経済政策の調整まで先進諸国で協調するG7体制が形成された。その後に、アメリカは金融自由化と情報通信技術の革新に基づいてグローバリズムが席巻する時代となっていった。やがて世界経済は実体経済中心の景気循環に代わって、バブルとバブルの崩壊を繰り返すようになり、格差と分断が再び広がるようになった。他方で、一九八〇年代に重化学工業の時代が終わるとともに、一九八九年にベルリンの壁が崩れ落ち、冷戦時代は終焉を迎えた。

一九七〇年代のニクソン・ショック、石油ショックから約五〇年経過した二〇二〇年前後は、第四の転換期にあたる。新型コロナウィルスの世界的大流行が起き、二〇二一年には中国の不動産バブルが崩壊し始めた。二〇二一年にメッセンジャーRNAワクチンができてから需要が回復傾向を見せたが、石油ショック後と同じくスタグフレーションが発生した。コロナ禍の下で経済対策として大規模な金融緩和政策がとられたために、それが投機マネーになって石油・ガスあるいは穀物価格が高騰し、コロナ禍で生産と流通が止まったためにサプライチェーンの寸断が起きたためである。その最中に、二〇二二年に入って、ロシアのウクライナ侵略が起きたのである。

4　生命科学の五〇年周期のパラダイムシフト

医学と生物の科学をここではまとめて生命科学と呼ぶ。近現代の生命科学は「見る」ということにおける技術革新から始まり、経済社会のイデオロギーとの相互作用で進む。

長らく古代ギリシャ・ローマ時代のヒポクラテス、プラトンの哲学や、ガレノスの生気説に支配されてきた古代中世の生命科学の転換は、顕微鏡の発明による、細胞の発見、微生物の発見、毛細血管と血液循環の発見によりもたらされた。

同時に、植民地の拡大は博物学の知識の広がりをもたらし、一九世紀半ばには、ダーウィンのビーグル号の航海での探索から生まれた「進化論」、ハプスブルグ家の帝国時代の司祭メンデルの「遺伝学」の成立をもたらす。「適者生存」「自然淘汰」の概念は、帝国主義時代の植民地支配への社会思想的な合理化を与えるものとしても活用され、二〇世紀の世界大戦への国民の動員にも用いられる。

こうした意味で、経済社会と、生命科学の発展のリンクが明瞭に見え出すのは、一九世紀からであろう。顕微鏡が細胞や細菌を「見る」ことに成功したとすれば、化学の進歩は、分子を「分析し、合成する」ことを可能にし、二〇世紀前半に化学産業と医薬品産業の成立をもたらした。物理学の進歩は、X線解析などで原子を「見る」ことから、核酸やタンパク質などの生体高分子を「解読し製造する」ことを可能にした。

生命科学の五〇年周期のパラダイムの交代は、五〇年ごとのエネルギーと情報を基礎とする近現代の産業が、植民地支配を支えた鉄鋼、石炭、蒸気機関の産業の進歩が進化論を生むと同時に、宗教のくびきから科学を解放する。その後の重化学工業時代において二〇世紀前半の化学、二〇世紀後半の物理が医学生物学に影響を与え、二一世紀には情報科学が影響を与えた。産業を支える科学の大きな枠組みが、生命科学も五〇年周期のパラダイムシフトを同期化させていくことを見てみよう。

化学による代謝と薬の生物学——二〇世紀前半

二〇世紀になると普仏戦争に完勝し、アルザス・ロレーヌを手に入れ、化学工業の勃興したドイツに医学生物学の発展の中心が移っていく。一九〇四年に、バーデン・アニリン・ウント・ソーダ工業(BASF)、フリードリッヒ・バイエル染料会社(バイエル)、アニリンファブリカツィオン(アグファ)は三社同盟を結成し、三社同盟は第一次大戦を契機に毒ガスや肥料や火薬弾薬の製造を担っていく。そして、それを基礎に一九二五年になると、さらなる化学産業の大独占企業のイーゲーファルベンが形成された。その国際競争力は当時としては卓越していた。

ドイツ医学は、普仏戦争処理の後、ロベルト・コッホの基礎の上に、化学の手法を駆使した現在の細菌学の基礎を築く。さらにドイツ医学は、一九一一年に皇帝の名を冠して設立されたカイザー・ウィルヘルム学術振興会により、オットー・マイヤーホッフらの代謝の研究が急速に進展した。カイザー・ウィルヘルム学術振興会は一九四八年の解散まで、一五名のノーベル賞受賞者を輩出し、生命が物質の代謝により絶えず変わっているダイナミックなものであることを明らかにした。中でも肥料に必須の窒素の固定法を開発したフリッツ・ハーバーは、第一次大戦においてイペリットガスなどの毒ガス開発に従事しながら、第一次大戦直後にノーベル賞を受賞する。

この歴史の中で特筆されるのは、生命のエネルギーを運ぶ分子としてのアデノシン三リン酸（ATP）の発見と構造決定であろう。ATPの構造を決めたのは、満洲国大連の満鉄病院の内科医師であった慈恵医大出身の牧野堅医師である。

当時は、カイザー・ウィルヘルム協会のマイヤーホッフ一門のカール・ローマンが一九二九年に発見し、一九三五年に構造を同定したとなっている。だがローマンの論文が発表された一九三五年九月に先立つこと一九三五年に三月に牧野の構造決定の論文が同じ雑誌に載っているのである。牧野医師の勤務した大連病院は、日露戦争後に租借された大連市に南満洲鉄道により計画され、弱冠二七歳の牧野医師が十分な研究を行えるほど整備されていた。牧野医師の業績はドイツ医学を称える医学の歴史からは消されている。

医学研究が植民地を持つ帝国の経済力に支えられる一つの証拠とも言えるし、フリッツ・ハーバーの毒ガス開発や、その後の満洲国の七三一部隊での人体実験など、政治と軍事依存した医学研究が危険なものに変異していくのも偶然とは片付けられない。

化学に牽引された医学と生物学のイノベーションは、一九世紀後半の柳の樹皮から作られていた鎮痛薬アスピリンの合成から始まり、大きく変わっていく。イギリスのアレキサンダー・フレミングによる一九二八年のペニシリンの発見と、オックスフォード大学のグループによるアオカビからの精製で、抗生物質の医薬品が世界に広がった。合成と細菌からの製造で、医薬品の世界が大きく変わっていく。また、カナダの研究者、バンチングとベストにより一九二一年に発見されたインスリンが初めてのタンパク質製剤として、数年のうちに製剤化され、結晶化もされた。

こうして、細菌学と医薬品の化学合成がドイツとイギリスの医学を中心に進んだのが二〇世紀前半である。

主流派遺伝学とフィッシャー統計学の形成

二〇世紀前半には、化学的な生物学の進展とともに、アメリカのトーマス・ハント・モーガンはショウジョウバエの変異種を集め、染色体地図を作り、遺伝子が染色体の上にあることを証明した。ショウジョウバエは染色体が観察しやすく、表現型と対照できる染色体地図が作れたのである。彼の八人の弟子がノーベル賞を受賞するなど、世界の遺伝学の主流派を形成した。

モーガンの遺伝学と並行して、イギリスの進化生物学者ロナルド・フィッシャーは、統計学と集団遺伝学の成立に貢献した。カール・ピアソンの相関係数などに学びつつ、これに反発する面もあったフィッシャーは、農業試験場の統計研究員に就職し、大量のデータに関する研究を行い、実験計画法・分散分析・小標本の統計理論といった革新的な業績を生み出し、一九三五年にスタンダードとなる「実験計画法」の本にまとめる。フィッシャーは同時に優生学の熱心な推進者でもあり、一九三〇年に出版された『自然選択の遺伝学的理論』では、「文明の衰退と凋落は、上流階級の生殖力の低下に帰することができる」とまで述べている。

フィッシャーの統計学は、資源の豊富なアメリカで急速に進展しつつあった大量生産方式における品質保証の基礎として広く応用されていく。実は一八世紀にイギリスの神学者・数学者のトーマス・ベイズにより複雑な生物や経済現象を反映した統計と推計の方法が提唱されていた。しかしフィッシャーは、ベイズの統計・推計は、計算があまりに膨大となり、その基礎となるデータがあまりに多数必要となるので「実用性がない」と否定する。

主流派分子生物学の興隆――二〇世紀後半

二〇世紀後半は、一九五三年のジェームズ・ワトソンとフランシス・クリックによるＤＮＡの二重らせんモデルから切り拓かれる分子生物学のセントラルドグマの全盛時代となる。

実はこの構造の決定は、ロザリンド・フランクリンという女性研究者が行い、その結果を見たワトソンとクリックがモデル化して論文として発表することになる。ここでは、X線による結晶構造の決定という物理学的な研究方法による高分子の構造の理解がブレークスルーをもたらしたのである。タンパク質や核酸という高分子は、多数の水分子が飛び交う水溶液の中では、揺れ動く構造をとっている。これを結晶として析出させると、反復構造をとることにより、レンズのような機能を果たし、回折像という特殊なパターンを示すようになる。それを逆算することにより原子の位置を高い精度で決められるのである。

DNAの二重らせんモデルこそは、概念としてしか知られていなかった遺伝子の実体を解明するもので、二〇世紀後半を分子生物学の半世紀へと転換させた。DNAの配列が、メッセンジャーRNAの配列に転写され、メッセンジャーRNAの配列をもとにタンパク質が合成されることが、相次いで明らかになり、生命の情報の流れが、実験的に証明され、分子生物学とそれを応用した遺伝子工学が二〇世紀後半の医学生物学の牽引車となる。

二重らせんをつくる二本のDNAの四つの核酸の並びに情報があるということ、そしてDNAからRNAが作られ、RNAからタンパクが作られる、という「セントラルドグマ」と呼ばれる生命観が出来上がった。

フランスの生物学者、フランソワ・ジャコブとジャック・モノーは、DNAからのRNAの合成は、RNAの生み出すタンパク質のフィードバック制御を受けてコントロールされることを見出した。モノーはその著作『偶然と必然』で生物の進化は、DNA複製の時にランダムに(偶然)変異が起こり、その変異を持った多数の生物の中で、自然淘汰により有利な種が選択される(必然)という生物進化の説を発表した。

『偶然と必然』は、メンデルとダーウィンの原理が分子レベルで解明されたと世界に受け止められ、遺伝子決定論のイデオロギーが世界を覆う支配的なものになる。だが、実はモノーの代謝産物の量によって酵素の遺伝子の働きが変わるというフィードバック制御の研究は、遺伝子が何かを決める主体というよりは、制御される対象である、という逆説も含んでいる。

しかし、セントラルドグマの正しさを証明するかのデータが次々と報告される。血液の色素のヘモグロビンをはじめ、さまざまなタンパク質の変異した遺伝病が見つかり、その患者のDNA配列を研究することで、遺伝病の分子生物学は、医学を大きく変えた。数千の遺伝病の原因遺伝子が次々同定された。

イギリスの研究者シドニー・ブレンナーと、ジョン・サルストンらは、一〇〇〇個程度の細胞から作られる線虫という小さな生物の細胞の系譜を明らかにし、一〇〇〇個の細胞の系譜が、違う個体でも再現されるところから、遺伝情報により、生物の発生と分化も決定されていると考えられることを明らかにした。

イギリスの進化生物学者、リチャード・ドーキンスは、一九七六年に『利己的な遺伝子』を著し、生物の進化とは、自己の成功率(生存と繁殖率)を他者よりも高める遺伝子が増殖する方向で担われるという分子生物学の主流派の遺伝子還元論の哲学を象徴的に示した。

セントラルドグマによりDNA配列をもとに医薬品になるタンパク質を産業として合成できる可能性がスタンフォード大学のポール・バーグ、スタンリー・ノーマン・コーエンと、ハーバード・ボイヤーにより一九七二年に開発されていた。これはコーエン・ボイヤーの特許になり、ボイヤーはジェネンテック社に加わり、当時、倫理問題と特許の新規性の問題のあったヒトの遺伝子を使わず、配列をもとに合成したDNAから成長ホルモンを薬として製造することにより遺伝子の特許を成立させることに成功する。

バイオ医薬品と呼ばれるタンパク質を人工的に作る技術は、次に従来の抗血清にかわる抗体医薬品の製造にも生かされ、世界のブロックバスターと呼ばれる年に一〇〇〇億円以上の売上となる高額医薬品が生まれるようになる。

カタストロフ論の起源――反主流科学としてのエピゲノム説

主流派の要素還元論に対して、遺伝子が制御されるという哲学は、二〇世紀中頃、エディンバラ大学の発生の研究者、コンラッド・ハル・ワディントンが定式化した。遺伝情報が全てDNAの配列に記載されているなら、一個の受精卵から、数十兆個の細胞が成人を作るまでの情報が全てDNA上に記載されているのであろうか？

ワディントンは、生物の発生の研究から、遺伝学を意味するジェネティクスに変わる「エピジェネティクス」という用語を作成した。エピジェネティクスは、DNA塩基配列の変化を伴わない後天的な遺伝子制御の変化と定義され、一個の受精卵から、生物が発生していくときには、さまざまな分岐点を経て、変化を遂げ、複雑な構造を作り上げていく。

そのメカニズムとしてエピジェネティク・ランドスケープという考えを提唱した。次頁の図1-2はワディントンのランドスケープの図式である。未分化な細胞が、分化していく様子は、地形の中のポテンシャルを下り落ちるような形でエピゲノムの性質が変わっていくアイデアである。

遺伝子が制御されることにより細胞が可塑性を持ち、形態が形成されるエピジェネティク・ランドスケープのアイデアは、発生学において同じDNAの配列＝遺伝子を持った細胞が、後天的な変化で、分化した細胞に変わっていくアイデアのもととなった。しかし、ブレンナーとサルストンの線虫の細胞系譜は、そうした変化していく発生も遺伝子の配列の中に折り込みずみではないのか、と示唆した。ワディントンのエピゲノム説は、ダーウィンやメンデルの主流となる学説が、非主流として扱われたように長い塩漬け期間が求められることになる。

一方、生物の発生に伴う形態の変容を、エピジェネティク・ランドスケープで考えようというワディントンの仮説は、数学者ルネ・トムの興味を湧き立たせた。人の注意を最も喚起するのは、生物の発生の中では、構造を作り返す時に見られる構造の大きな変容である。昆虫は卵から幼虫になり、蛹《さなぎ》になり、成虫になるまでに変態を繰り返す。安定的な状態の喪失と、カオスのようにも見える変態と呼ばれる分岐点を超えて、

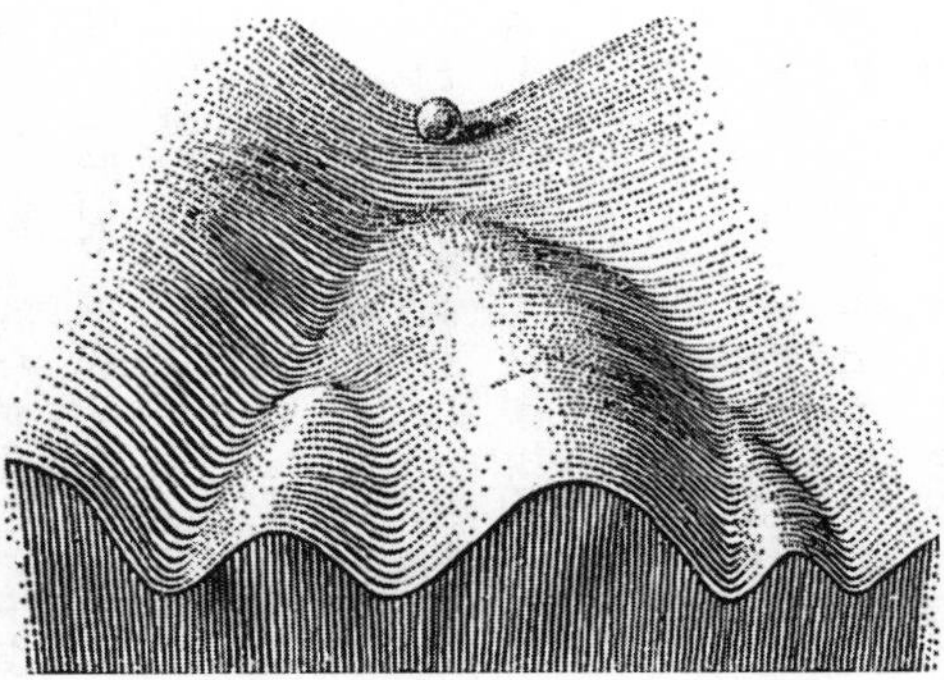

図 1–2　ワディントンのエピジェネティクスの考え方

ワディントンは 1940 年に，Organisers & genes（Cambridge University Press）の中で生物が，遺伝的に変化していくエピジェネティクスを提唱した．上の図は，細胞が，発生途上で，分岐点ごとに，分化のポテンシャルを変えていくワディントンの景観と呼ばれる概念を示している．この考えがルネ・トムのカタストロフ論の元になった．

新しい「安定的な構造」が生まれることが生物の大きな特徴である。ヒトにおいても受精卵の胚から胎児を形成する時にもさまざまな基本構造の変容が知られている。

古典的カタストロフ論は、生物の発生のエピゲノムの変容を元にする構造の変容をターゲットとして想定された。だが、エピゲノムの詳細な分子からのメカニズムは不明であった段階では「役に立たない」という批判も強かった。

数学者からみれば、生物の発生と分化が、固定的な遺伝子の配列情報に書かれて決まっているというモデルは現実的には情報量から見て、非常に難しく思える。たった三〇億個の四種のヒトゲノムの核酸の配列に、数十兆個の細胞の運命を決める情報が全て入っている謎は解けない。

実際には、生物は、太陽のエネルギーを微生物や植物が栄養にし、それが生態系の中で動物にめぐっていくエネルギーの流れで生存する「散逸系」と呼ばれるシステムである。遺伝子の情報は、エネルギーの流れのなかで、「安定的な構造」を作り出すルールの書いてある暗号文というモデルが出てくる。エネルギーとともに、外部から流れ込む情報も、「散逸系」の中で使われていくと今日では考えられている。暗号文ならば暗号解読機が必要である。逆に、解読機によって、いくらでも異なる解釈が生まれる。

ワディントンは、次の五〇年周期である二つの石油ショックの最中に亡くなった。彼のアイデアの学問的証明は情報科学の発達とともに、ゲノム解読まで待たねばならなかった。彼の仮説から約五〇年を経た二〇〇〇年の新しいミレニアムは、二〇世紀最後の一〇年をかけて進められた三〇億個の塩基対のゲノムの「ほぼ解読」の年として、祝われることとなった。

ゲノム解読で迎えた新しいミレニアム

分子生物学の進歩から、DNAの配列を読めば、生命の情報が初めて包括的に理解できる可能性を受け、一九九〇年にアメリカ政府が、三〇億ドルの予算で「ヒトゲノム計画」として国家戦略のプロジェクトを提唱した。

このゲノム解読を現実化させたのは、イギリスの天才、フレデリック・サンガーによるアミノ酸配列と、DNA配列の決定方法の開発であった。それが、高速度でできるようになったのは、膨大なデータを効率よく光学で観察するシークエンサーという機械が、まずアミノ酸配列の決定に開発され、ついでDNA配列の決定に開発されたことによる。

配列の計測が高速化されると、今度は、コンピュータと情報技術の進歩が、多数のノイズの多い計測の配列から、「もっともそれらしい」ゲノムドラフト(草稿)を決める決定打となった。

長いＤＮＡを短く切って、多数の断片の配列を決め、それをもとに元の配列を決めるショットガンシークエンス（散弾銃方式の配列決定）が基本とされた。

こうしたことが可能になる背景にはコンピュータの演算能力が向上し、経験的なモデルに多量のデータを加えて次のモデルを作り、それにまたデータを加えて配列を推定していくベイズ推計での演算が可能になってきたことが大きい。

事前に予測した確率が一定であるとのフィッシャー統計に対して、ベイズ推計では人の経験的なモデルに当てはめ最初の推定を行い、そこに次々、データを加えては学習していくサイクルを繰り返す数値計算と似た演算方式が使われる。こうしたベイズ推計の応用はグーグルの検索エンジンなどの基礎となるものである。それは、一〇年前の大型スーパーコンピュータの演算が一台のスマホで可能になるような演算能力の増大と、並列処理計算が可能になることによる。そして生物の神経系にヒントを得たニューラルネットワークなどの人工知能（AI: artificial intelligence）技術が応用できることが大きい。

ゲノム解読の競争は資本主義市場に翻弄される。アメリカの野心的研究者、クレイグ・ベンターはコンピュータ企業と組みセレーラ・ジェノミクス社を立ち上げ、ヒトゲノムの情報の特許独占化を狙った。この試みは、アメリカの巨大製薬企業がセレーラ社より先に読んだ配列を公表するなどして特許の阻止に動き、国家プロジェクトを後押しする米英政府の意向もあったため頓挫し、米英を中心とする国際コンソーシアムの主導権で解読が進んだ。

本来は、誰の遺伝子にもある配列が特許化される可能性の中で、「セントラルドグマ」で遺伝子は神のような存在に祭り上げられ、DNA配列の情報に莫大な商品価値があるとの期待が一気に高まったのだ。

最初の大腸菌のゲノム配列が一九九六年に決まると、ヒトゲノムに一気に期待が高まり、米英政府を中心に九七%の配列が二〇〇〇年までに解読されるのである。

エピゲノムが主役になる二一世紀——情報科学の進展と遺伝学

ヒトゲノムが読まれるにつれ、セントラルドグマによるタンパク質の遺伝情報を伝えるのはわずか二%以下であり、九八%は別の目的の配列であったことが明らかになった。

一九八〇年代にアーロン・クラッグらの研究によりDNAはヒストンというタンパク質に核酸が巻きついて、ヌクレオソームという球を作り、数珠のような構造をとっていることが示された。九〇年代に結晶構造が解かれ、そのヒストンのアミノ酸がリン酸化などの修飾を受けて、DNAが複製されたりRNAに転写されたりしている様子がわかってきた。

ＤＮＡの配列というのは、本にたとえると、本には内容の文章の他に目次や索引があるが、普通の本とは逆で、本の文章は二％で、九八％はその読み方をコントロールするための目次や索引の部分であるような本である。本を束ねて糊付けするのに必要な部分もある。この九八％の部分は修飾されると本の栞のように、開かれる頁になってＲＮＡが作られたり、ヒストンに巻きついて畳まれていると読まれにくかったりしてＲＮＡができにくくなる。しかも、染色体の末端部分のテロメアや、中心部のセントロメアは細胞が分裂する時に、短くなったり、長くなったりする反復配列も持っている。

こうしたＤＮＡの実際のダイナミックな構造の実際を知るには、タンパク質と核酸が作る複合体を「見る」技術が必要になる。そのためには結晶を作ってＸ線で構造解析をすることが近道であるが、結晶は必ずしも作れるとは限らない。そこで、イギリスのリチャード・ヘンダーソンらにより凍結させた複合体を見るクライオ電子顕微鏡という技術が生み出され、二〇一七年のノーベル賞に輝く。

ここでは、情報科学の革命によるベイズ推計の進展が支えとなった。電子顕微鏡は電子を対象物に当てて「見る」方法であるが、解像度を上げるには波長の短いエネルギーの高い電子線を使わなくてはならない。被写体となる対象物は急速に凍らせて固定するが、それでもタンパク質は電子線のエネルギーで焼けてしまい像が得られない。そこでエネルギーの低い電子線を当てると、ぼやけた像になってしまう。しかし、少量のサンプルでも膨大な数の像が得られるので、ここでベイズ推計を使った膨大並列計算が役に立つ。グーグルの検索に使われるようなベイズ推計による情報処理により、生物の複合体の構造がかなり解明されてきた。特に、DNAの情報からRNAを作る転写複合体や、RNAからタンパク質を作るリボゾームの詳細が結晶構造解析と、クライオ電子顕微鏡により本格的に解明できるようになってきた。

遺伝子の配列の全体を遺伝子の英語の gene にその世界という接尾語の -ome をつけてゲノム genome というが、生まれた後の修飾されたゲノムの配列と状態を、「後の」という接頭語の epi- をつけてエピゲノムという。エピゲノムは、受精卵から、細胞が分裂するたびに変わっていき、細胞の種類を決めていくことがわかった。ゲノム解読後に生物学の主流は、DNAの配列のどこが修飾されているか、DNAの配列のどこに巻き付いているヒストンが修飾されているか、を見るエピゲノム研究になってきた。

生物学に情報科学の進歩が応用されるようになる。そこでは意外なことに、ゲノム解読により生命の神秘が解き明かされるはずが、ゲノムは情報をストックするハードディスクのようなものに過ぎないことが明らかになる。

フィードバックされるRNAの量

ヒトゲノム解読と同じ頃、変動するRNAの量を二万数千の全遺伝子について測る技術が半導体技術をもとにアフィメトリクス社で開発された。筆者の一人(児玉)は、この技術を用いて、ヒトの細胞に炎症などの刺激を与えると、それに応じて反応するRNAを測定していた。意外なことに、炎症の刺激を与えると、それを抑える役割のRNAが最もたくさん作られることを発見した。ヒトの血管の細胞は、炎症だけでなく血液が固まっても、血液が足りなくて血管を増やす刺激を与えても、刺激に反応するRNAが作られるが、それとともに、その刺激を抑制するフィードバックの因子のRNAが誘導され、反応が終息に向かう。ヒトの細胞は、多数の刺激を受けるとともに、それの刺激への反応を一過性に止める多重的フィードバックを持つことを発見した。その発見については『逆システム学』(二〇〇四年)で生物現象と経済現象が多重的フィードバックの作る制御のネットワークでコントロールされていることを報告した。

それに拍車をかけるようなビッグニュースが飛び込んできた。二〇〇六年、京都大学の山中伸弥博士は、細胞の性質を四個の遺伝子のRNAの発現が増加するだけでリセットできるという意外なことを報告した。

ヒトRNAの解読とともに、医学研究の焦点は、二万数千個とされるRNAから発注書のように作られるRNAの定量的測定に移っていった。ゲノム配列から推定される四つの制御に関わる遺伝子のRNAを増加させることにより、ヒトの細胞を未分化な細胞にリセットできるという発見は、セントラルドグマを書き換え、生物は、RNAのネットワークが動的に状態を決めていることを実証した。

DNAからのRNAの転写は、DNAに結合するタンパク質の転写因子が制御する。山中博士の研究は、いろいろな細胞に分化できる幹の細胞で働く転写因子のRNAの量に注目し、それを網羅的に調べ、幹細胞でRNAが特徴的に増えている三〇個余りの転写因子の中から、四個の転写因子のRNAが過剰に転写されれば、多数の細胞に分化できることを発見した。ここでの成功の鍵は、一個の遺伝子でない四個の遺伝子の作る制御のネットワークが、幹細胞の能力を誘導したことである。この細胞はinduced pluripotent stem cell——略してiPS細胞と命名された。

このiPS細胞は、逆に言えば、さまざまな細胞に分化するネットワークが抑制された状態である。ここから、腎臓や、肝臓や、神経や、筋肉になる臓器特異的な遺伝子ネットワークが働き出すと、それぞれの臓器特異的な幹細胞が作られてくる。

この頃から一個の細胞ごとにＤＮＡまたはＲＮＡを解読できる技術ができてきた。細胞を一個ずつ分離する技術が改良され、たくさんの細胞から一個の細胞を生きたまま分離できるようになった。この一個の細胞から得られるＤＮＡを特殊なプレートに固定し増幅しながら感度の高い顕微鏡で観察し、配列決定を非常に高速化した次世代シークエンサーが登場する。これを組み合わせて、細胞の塊をバラして、個々の細胞のＲＮＡを定量するシングルセル(個別細胞)解析が可能となった。

これまでの生物学は、顕微鏡で個別の細胞を見ることはできるが分子の測定は、すりつぶして何千何万個の平均値でしか知ることができなかった。それを一個ずつの細胞で見ることができるようになったのである。そうするとＤＮＡやＲＮＡの配列と量だけでなくＤＮＡやＲＮＡの修飾も見ることができるようになる。

さらに、出来上がった肝臓では、代謝を担う肝細胞と、そこに血液を供給する血管内皮細胞が協力して構造を作る。肝臓は血管の内皮細胞の増殖因子を分泌し、血管の内皮細胞は幹細胞の増殖因子を分泌する。

つまり、一個ずつの細胞で見ると、地形図があって、細胞が勝手に分化していくのではなく、細胞は分裂するたびに、まわりの細胞と相互作用しつつＲＮＡを作る転写ネットワークを変化させ、その集まりで安定化していく。細胞というシステムはそれぞれ遺伝子の発現ネットワークを変えていくが、それを安定化させるのは、内在的ではなく細胞間の相互作用によるのである。これは肝臓だけでなく、腎臓でも、心臓でも筋肉でも同じことである。

細胞というシステムは繰り返しながら変わっていくが、それを安定させるのは異なる細胞間の相互作用である。iPS細胞は、あまり安定的でなく、培養している条件が少しでも変わると、抑制されているはずのRNAのネットワークがいろいろな臓器の発生に動き始めてしまい、臓器もどきのオルガノイドという細胞の塊を作る。そこで今、生物学の研究者が行っているのは、iPS細胞などから、オルガノイドというさまざまな臓器もどきの細胞の塊を作らせ、細胞の遺伝子発現のネットワークを個々の細胞で見て、異なる遺伝子ネットワークを持つ細胞の間の相互作用で臓器が作られるメカニズムを見る研究を進めている。

広がる医学の対象――生活習慣病と進行がん

こうして初めて人間の成人の病気のメカニズムに迫れるようになってきた。産業化した多くの国では、乳幼児死亡の減少と、ウィルス疾患へのワクチンが普及し、早期がんも内視鏡などで発見して手術で治癒することが増えてきた。

そこで医学の対象は、生活習慣病や、進行がんや、ワクチンをすり抜ける新型コロナウィルスのような変異するウィルス疾患になってきた。

肝臓がんの原因も、ワクチンの普及でのB型肝炎の減少、治療薬の組み合わせでのC型肝炎の抑制で、飽食の時代においては脂肪肝から生まれる肝硬変、肝臓がんに変わる。それだけでなく、脳における認知症、腎臓における慢性の腎機能障害、筋肉のフレイル、肥満、動脈硬化、網膜の障害、骨粗鬆症《こつそしょう》など、現代医学の多くの問題は、細胞の相互作用の生み出す「安定的な構造」が乱れることから起こる、とわかってきた。こうした相互作用の病気の帰結として、ゲノムが読まれても、人口が減っていても、日本人のがん死亡は今のところ増え続けている。もちろん人口がこれ以上減れば、がん死亡も減り出すだろう。だが、それは日本人全体の持続不可能、というより大きなカタストロフの一部としてそうなる、という皮肉な事態でしかない。

そこでは、情報科学を駆使して、膨大な肝臓の個々の細胞で、二万数千の遺伝子からRNAがどの程度作られるか、それを肝臓の中の場所ごとで見ていくような情報処理を含めた研究が、求められる。

だが、こうした生命のシステムの研究には、従来のフィッシャー統計でなく、モデルを立ててデータを集めてモデルを作っていくベイズ推計が必要になる。膨大な並列計算を可能にする情報処理がいる。そうしたシステム生物学の研究において、経済成長のない日本の生命科学研究は、予算、人員ともに大きな壁があり、世界の科学の中で日本の発表論文は量と質において急速に国際的地位が低下している。

こうして見ると、近現代の医学のパラダイムは、科学の主流の研究方法の影響を受けて、大きな変容を経験してくる。ヒポクラテスとガレノスの古代ギリシャ・ローマ帝国の学問を受け継いだ生命科学の主流の学説は、人の命に関わるため保守的な性格を持たざるをえない医学と、宗教世界の影響を強く受けて宗教観に関わらざるをえない進化論を含む生物学であった。市民革命と産業革命を受けた一九世紀に、近代医学が成立すると、その世界観は大きく変わり、まず植民地からの博物学と、顕微鏡からの知識の奔流をもとに、ダーウィンとメンデルから生物学、医学の革新が始まり、顕微鏡で見えるようになった細菌学から医学の革命がスタートした。同時に顕微鏡で見えた細胞の姿が、神経生物学や、免疫学など生物学の革命をもたらす。

二〇世紀前半は、化学の先導で、代謝の解明が進み、医薬品の合成とともに、国際的な医薬品産業が成立する。世界戦争への国民の動員のために、社会保障と、国民の健康保険、介護、看護の充実が国家間の競争にもなる。その一方で、遺伝子の正体が不明なままに、フィッシャーの統計学が合理的なものとされ、優生主義がナチズムの誕生を促す。

二〇世紀後半には、第二次大戦の核開発などの物理学の急速な進歩をもとに、生体高分子の構造決定が進み、DNAの構造決定は、遺伝子万能論のセントラルドグマを生み出し、利己的な遺伝子が支配的なイデオロギーとなる。その一方で、生物の発生の実像をもとに、反主流のエピゲノムの理論が、古典的カタストロフの創成をもたらす。

二一世紀のゲノム解読は、皮肉なことに、ゲノム万能論の終焉をもたらす。DNAは単なるハードディスクのようなものでフィッシャー統計は役に立たず、コンピュータ・サイエンスを基礎としたベイズ推計を踏まえたエピゲノムの暗号を解くことが必要になる。

主流派の議論に対する新しい理論の枠組みが広く認められるまでには、二〇年から三〇年の遅れが見られる。博物学、化学、物理、そして情報科学という方法論の進化を受けつつ、医学、生物学のパラダイムの変遷は、五〇年の周期を持ち、それは約二五年ごとの形成期と、安定期をもとに次の枠組みへの転換期を迎えている。

5　イノベーションと創造的破壊

これまで見てきたように、生物学医学も五〇年周期で変化してきた。先行した発見や発明が

表 1-2　50 年周期と技術転換

エネルギーと動力	情報・通信技術
1815 年前後，機械制綿織物工業 1825 年蒸気機関車	郵便と蒸気船の時代 電信とモールス信号
1870 年代ガソリンエンジン 1884 年蒸気タービン開発 →電気の時代を準備	1876 年ベルの電話特許
第 1 次大戦後，電気とエンジンの時代	電気電信とチューリングの暗号解読 ラジオ・大衆紙・映画の普及
エネルギー転換(再エネと蓄電池) バイオ医薬，EV	1970 年代半ば，半導体と PC の時代 1990 年代スマホと IT と SNS の時代 →人工衛星と情報監視

二五年して盛んになり、五〇年してピークアウトしていく。さらに、より広い産業との結びつきで、科学技術の発展をとらえても、五〇年周期の政治経済の変動についても、かなりの程度説明できる。

では、なぜ五〇年周期で大変動が起きるのだろうか。戦争、エネルギー危機、パンデミック、大きな産業構造の転換、社会不安などは、単に事実として重なって起きているだけなのか。あるいはこれらの現象は深い因果関係があるのか。残念ながら、厳密に証拠立てて結論づけることはできない。

だが、手がかりになる説明はある。五〇年周期で大きな産業転換が起きるというヨーゼフ・シュンペーターのコンドラチェフ循環である。たしかに製品のプロダクトサイクルならば数値で示すことができるが、産業構造の転換について何が適切な指標なのかを選択するのは難しい。シュンペーターが産業構造の転換について具体的に議論を展開しているわけではないが、エネルギーと動力、コミュニケーション技術が産業構造や社会構造を大きく変える役割を持っていることは観察できる。エネルギーと動力は生物の「代謝」にあたり、コミュニケーション技術は生物の「情報の複製」にあたると考えると、その進化が似たパターンをとることが理解しやすいだろう。

まずエネルギーと動力から見てみよう。石炭を燃料にした蒸気機関は、ジェームズ・ワットの発明特許が一七六九年。一七八四年にカートライトが力織機を発明し、ナポレオン戦争が終わった一八一五年以降、機械制綿織物工業がアジア・アフリカ市場への輸出も含めて拡大していった。そして、一八二五年のジョージ・スティーブンソンが蒸気機関車を発明し、蒸気機関車と蒸気船の時代が始まり、その拡張を媒介した。

一八七〇年代初めにベンツとダイムラーらがガソリンエンジンの開発に乗り出し、一八八五年、ガソリン自動車を売り出す。第一次大戦後にガソリン自動車が量産され、第二次大戦にモータリゼーションが本格的に起きる。一八八四年にチャールズ・パーソンズが蒸気タービンを発明し、二〇世紀に入って電気エネルギーの時代が始まった。

それに対応して、情報科学も変化した。第二次大戦中に、イギリスの政府、情報部、軍部から暗号解読を依頼されたチューリングがチューリングマシンを構想し、米軍により砲弾の弾道計算のためノイマン型コンピュータの基礎が作られた。戦後、これらのコンピュータ技術が一気に開花する。第二次大戦後にたくさんの電化製品が作られるようになり大量消費文化が生まれた。

一九七〇年代に入ってニクソン・ショックと石油ショックで重化学工業の行き詰まりが始まると、代わって情報通信産業と金融が台頭してきた。半導体のマイクロプロセッサが開発され、一九七五年にビル・ゲイツがマイクロソフト社を設立し、ＩＢＭがパーソナル・コンピュータ（パソコン）を販売した。一九七七年にアップル・コンピュータ社がパソコンのApple IIを発売して、コンピュータと半導体で制御する情報通信産業が生まれた。

つぎに、互いの意思の伝達つまりコミュニケーションのあり方が社会を大きく変えていく点を見てみよう。大事なポイントは、人間の思考、行動の形成は技術とリンクする点である。五〇年周期でそれが変わるのは、だいたい一世代で技術が行き渡り、二世代目で転換が起きるからだろう。大規模な戦争も一世代を過ぎると、戦争の記憶が消え、記録になり、記録は絶えず読み替えられていくからだろう。そして歴史修正主義が繰り返される。

五〇年周期で情報伝達するコミュニケーション技術の発達を見ると、一八三〇年代にモールス信号が生まれ、そのほぼ五〇年後の大不況期が始まった一八七六年にベルが電話を発明した。第一次大戦中に無線電信が盛んになり、その後に電話が普及していく。普通選挙権が成立し「大衆民主主義」の時代が始まると、新聞も大衆紙が普及する。一九〇六年カナダ人のレジナルド・フェッセンデンがラジオを発明し、一九二〇年、アメリカ・ピッツバーグのKDKA局が世界初の商業ラジオ放送をスタートさせる。テレビに関する技術の前史は長いが、一九三三年にアメリカのツヴォルキンが初の撮像管であるアイコノスコープを開発したのがテレビの始まりだと言われている。第二次大戦前後にテレビ放送が始まり、戦後にテレビ時代が始まる。

ところが、石油ショックの時代にパソコンが発明され、一九八〇年代はじめに、大学や研究所などを中心にインターネットが生まれ、八〇年代末から一九九〇年代にかけて民間のインターネットサービスプロヴァイダーが出てきた。一九九〇年代後半のスマートフォンの登場とともに、ウェブ時代そしてSNSの時代へと変わってきた。先に見たように、ゲノム解読と生物学医療の大きな発展の時代が幕を開けた。

このようにエネルギーと動力、コミュニケーション技術のイノベーションが五〇年周期に起きているが、シュンペーターは「イノベーション」とともに「創造的破壊」という概念を発明したことで有名だが、それを手がかりに筆者なりに解釈し、概説的になるが、こうした五〇年周期の歴史的大変動を説明してみたい。

その際、エネルギーと動力、あるいはコミュニケーション技術の分野における変化は、必ずしも市場メカニズム任せで起きているわけではないことを強調しておこう。たとえば、蒸気機関車や蒸気船の普及は国家戦略にとって重要な分野であった。植民地や諸外国において鉄道を敷いたり、航路を設けたりする際にはさまざまな国家の保護策がとられた。先に見たように毒薬や弾薬作りで化学産業が興隆したが、第二次大戦では武器である航空機も艦船も戦車もガソリン重油によるエンジンを動力にした。それを経て、戦後の自動車や航空機の時代ができあがった。

一方、モールス信号とチューリングの暗号技術も、国家の軍事戦略や産業戦略と密接に関係している。現代では、コンピュータと情報通信技術は軍事戦略上、最も大事な分野になっている。日米半導体協定や米中貿易戦争が見られるように、アメリカは半導体の優位を保つために、通商代表部(USTR)や国防総省高等研究計画局(DARPA)が強力に介入している。こうした点があるがゆえに、比較優位説に典型的に示される市場メカニズムだけで産業構造の転換が起きるという主流経済学が想定する、のどかなイメージはあまりに非現実的である。この点を踏まえて、考えていこう。

五〇年周期で国際的かつ国内的に大きな産業構造の転換が起きるときは、古い産業利害は既存の仕組みにしがみつき、新しい産業利害に抵抗する。新しい産業利害はその優位を発揮できるようにして、古い産業利害を潰しにかかってくる。当然、それは経済的にだけでなく、政治的にも大きな軋轢《あつれき》を引き起こす。国際的には主導産業をもって覇権国となる国の力が落ち、新しい産業が生まれる国が対抗的に台頭してくる。逆に国際的に新しい産業を持っている覇権国にキャッチアップしてくる新興国がある場合にも、それを潰しに来る。どちらにしても、国際的に安定的な秩序が弛緩し始め、覇権国と新興国あるいは先進諸国間の対立が激しくなり、時には戦争を勃発させるのである。そして、産業構造の転換を契機にして起きる「創造的破壊」は、世界全体でも国内でも、市場を取り巻く諸制度から政治の仕組みまで大きな変革を引き起こす。改めて強調しておかなければならないことは、大きな政治的経済的な諸制度の改革は、必ずしも個々人の経済合理的選択の結果、生ずるのではなく、こうした対立と抗争を契機にして非線形的な形で起きるのである。

6　五〇年周期の政治諸制度の変化

前に述べたように、最初の転換期は一八七三年以降の大不況時代であった。石炭と蒸気機関、機械制の綿織物工業を興隆させたイギリスが、世界を支配するパクス・ブリタニカを形成した。一九世紀後半になってドイツ、フランス、アメリカがキャッチアップし、同時に株式市場や巨大な銀行資本が形成され、鉄鋼業など重化学工業が形成され始めた。こうした帝国主義列強が植民地獲得で争い始めた。それはついに第一次世界大戦という総力戦に帰結したのである。次の転換期が訪れた。

第一次世界大戦は政治や経済の仕組みを大きく変えた。総力戦の過程で戦争に参加する国民に投票権を与える「大衆民主主義」の体制が形成された。ラジオや大衆紙の時代が始まった。ロシア革命が発生し、多くの国で共産党ができたが、同時にそれに対抗する形で、第一次大戦中か大戦後にドイツ社会民主党やイギリスの労働党など社会民主主義政党もでき、ドイツでは政権につき、生存権や社会権を規定したワイマール憲法体制ができ、福祉国家が芽生え始めた。

そして第二次大戦の過程で、ナチスドイツの独裁国家に対抗して、イギリスではベバリッジ報告が出され、ゆりかごから墓場までを保証する福祉国家体制ができた。全国民に一律の年金制度が勧告されたが、戦後の高度成長の過程でそれに所得比例年金が付け加えられた。主要先進国では、経済成長を重視する保守政党と所得再分配を重視する社会民主主義政党の間で政権交代する二大政党制が主流となった。

この時代は重化学工業の時代であった。第一次大戦後は電気の時代が始まり、電話が普及していった。さらに第二次大戦を前後して、飛行機、艦船、戦車、輸送車など武器の動力は石油とエンジンに変わった。戦後はそれを基礎にして自動車や航空機など幅広く雇用を創出する重化学工業時代になった。長期雇用と核家族が主流となった。それは「資本主義の黄金時代」をもたらすと同時に、これらの大規模な装置産業を市場競争に任せると、後進国はいつまでたっても追いつけないために、国家主導で大規模な工場を建設してキャッチアップする「社会主義」体制が後進国・後発国において広がった。かくして資本主義と国家社会主義が対立する冷戦体制が生まれた。

ところが、アメリカは泥沼のベトナム戦争によって金準備が急速に減少し、貿易赤字と財政赤字が恒常化し始めて、パクス・アメリカーナが揺るぎ始めた。そして、次の転換期が起きた。

一九七一年八月、ニクソン米大統領は金＝ドルの交換停止とともに、自国の通貨を対ドルで切り上げないかぎり一〇%の輸入課徴金を課す「新経済政策」を打ち出した。上下二%の範囲内で通貨価値を維持するというスミソニアン体制が作られたが、一九七三年三月に崩壊した。その直主要先進国間では変動相場制へと移行すると同時に、G7の財務相の会議が開かれた。その直後の一九七三年八月に、アメリカ軍はベトナムから撤兵した。

そしてほぼ同じ時に、石油ショックが起きた。一九七三年一〇月に第四次中東戦争が勃発し、同時に、OPEC(石油輸出国機構)の加盟産油国のうちペルシア湾岸の六カ国が、原油公示価格を一バレル三・〇一ドルから五・一二ドルへ七〇%引き上げ、原油生産を段階的に削減した。さらに一九七四年一月より、OPEC加盟のペルシア湾岸の産油六カ国が、原油価格を五・一二ドルから一一・六五ドルへ引き上げた。一九七四年一一月にIEA(国際エネルギー機関)を設立してOPECに対抗しつつ、一九七五年一一月のフランスのランブイエから毎年G7サミットが開かれるようになった(この年はカナダが不参加)。金と基軸通貨の結びつきは切れ、信用貨幣による「紙幣本位制」の時代が始まるとともに、アメリカ一国が西側諸国を支配することはできなくなり、主要先進諸国間での政治交渉に依存しなければならなくなったのである。

二つの石油ショックを契機に、スタグフレーション(不況下の物価上昇)が発生した。アメリカは世界最大の産油国の地位から滑り落ちていき、自動車産業や鉄鋼業など日本とドイツのキャッチアップで、産業の国際競争力が低下していった。米英諸国を中心に、ケインズ経済学(ケインジアン)の政策ではスタグフレーションを解決できないとして、新たな新古典派経済学の潮流が生まれ、「新自由主義」の時代が始まった。

「新自由主義」は、イギリスのサッチャリズム、アメリカのレーガノミクスと称されていた。経済学的に見ると、主に四つの流れとなって現れた。市場メカニズムに委ね、成長率に見合った一定の貨幣供給量の増加率を保つべきだとする、ミルトン・フリードマンに代表されるマネタリズム。高い税率と社会保障支出は貯蓄率と投資の低下をもたらすとするラッファーやフェルドシュタインらのサプライサイド経済学(供給サイドの経済学)。ケイジアンの裁量的経済政策もその結果を合理的に予想し行動すれば、政策効果はなくなるとするルーカスやサージェントらの合理的期待形成派。ケインジアンの政策は「賢者の前提」があって成り立つが、実際は「選挙民」を利益誘導する議会のたかりによって財政赤字の累積をもたらすので、財政赤字の上限を法律で定めるべきとするブキャナン＝ワグナーらの公共選択学派などである。政府部門の縮小や規制緩和などで市場メカニズムに委ねることで、民間部門の活力を引き出すという「新自由主義」の考え方が世界中に広がった。

新自由主義が世界的に広がる契機になったのは、グローバリズムであった。その契機は、オイルダラーの偏在問題を解決するために、サッチャー政権が金融ビッグバンを実行し、アメリカ・ニューヨークのウォール街とロンドンのシティ金融市場の連携が図られるとともに、IMF(国際通貨基金)も発展途上国への融資条件として金融自由化を含む新自由主義政策を要求し始めたことから始まった。その間、一九九二年夏にはジョージ・ソロスのクォンタム・ファンドがイングランド銀行を打ち負かし、EUのユーロはポンド抜きの統合となった。まさに金融自由化を軸とした米英中心のグローバリゼーションが進展し、不況が起きるたびに主たる経済政策は金融緩和になった。その結果、あふれるマネーによって、一〇年ごとに起きる景気循環はバブル循環（バブルとバブル崩壊）に変わった。そしてバブルが崩壊するたびに、金融資産を持つ者と持たない者の間の格差は取り返しのつかないほど拡大していった。

このように先進諸国において新自由主義が席巻する状況の下で、一九八九年一一月九日にベルリンの壁が壊れ、旧ソ連・東欧諸国の「社会主義体制」がドミノ倒しのように崩れ去った。従来の国家主導の「社会主義」体制は重化学工業時代の産物であった。一つの時代が終わったが、世界は、自由と民主主義の「勝利」となり、「歴史の終わり」（フランシス・フクヤマ）という歴史観まで登場した。

しかし、一九九〇年八月にサダム・フセインが隣国クウェートへ侵攻したことで、当時のブッシュ父政権は国連に働きかけて多国籍軍を組織して湾岸戦争を行った。クウェートを解放したが、サダム・フセインと講和を結んで終結させた。ところが、二〇〇一年一月にブッシュ・ジュニア政権が成立し、同年の九月一一日にアルカーイダによる同時多発テロ事件（九・一一事件）が発生したのを契機にして、ブッシュ・ジュニア政権の背後にいるネオコンが主導して、大量破壊兵器が存在するとしながら証拠なしにイラク戦争を開始し、サダム・フセインを処刑した。大義なき戦争であった。しかも、その後、米英中心に侵攻したアフガニスタン、イラクとシリアは国家秩序が壊れ、大量の難民があふれて欧州に流入していった。自由と民主主義の「勝利」と「歴史の終わり」は脆くも崩れ去った。

大量破壊兵器の証拠もない大義のない米英の戦争には、中国・ロシアだけでなく独仏中心のEU諸国も反対した。またその後の大量の移民流入は欧州諸国内部に、移民排斥を主張する極右勢力の台頭を招き、西欧福祉国家を動揺させている。イアン・ブレマーがG0と呼ぶような、世界の中心がない状況が生み出された。

その隙をついて、戦時共産主義体制が生んだ秘密警察（KGB）出身のプーチンは、移民排斥のポピュリストとの関係を深めていった。アメリカのトランプ前大統領、フランスのル・ペン国民連合代表、ロシアから武器調達するインドのモディ首相、ブラジルのボルソナロ前大統領、そして日本の安倍晋三元首相らなどである。新型コロナウィルスの世界的流行は、ポピュリスト政権の下で悲惨な感染拡大を生み出す一方、中国のように個人の人権を抑制しながら、個人情報の管理を強める傾向を生み落とした。欧米諸国では、ワクチンの強制接種をめぐって政治的対立を引き起こした。

従来型の重化学工業の行き詰まりの中で、一九七〇年代半ばからイノベーティブな新しい産業が生まれてきた。とくにコンピュータの発達に伴う情報通信産業の発展はめざましかった。それは「新自由主義」と違って、とくに米中両国では明確な国家の産業戦略や軍事戦略と密接に結びついていた。アメリカ政府の通商代表部による一九八六年と九一年の日米半導体協定で日の丸半導体を潰す一方、国防総省高等研究計画局が民間企業とのコンソーシアムを通じてコンピュータや半導体への研究資金を投じていった。さらに一九九〇年代前半に、クリントン政権は情報スーパーハイウェイ構想を立て、インフラも含めて情報通信産業の育成を図った。そして一九九〇年代後半にスマートフォン、そして二〇〇七年のアイフォン(iPhone)の登場によって二四時間オンラインとオフラインを融合させる世界を作った。一方、金融自由化と情報通信技術の発達と相まって、一〇年おきにバブルとバブル崩壊を繰り返すバブル循環がもたらされ、世界中で著しい格差の拡大が発生するようになった。

またミレニアムにヒトゲノムが解読されたのを契機にして、大量のデータを処理できるようになったコンピュータによるシミュレーションでゲノム創薬が行われるようになった。今日生み出されたメッセンジャーRNAワクチンのように、ウィルスを不活化する従来のワクチンと違って副作用が少ない完全な人工物のワクチンが創られるようになった。同時に、製薬企業は巨額の技術開発費用が必要になってきた。

さらに、一九八六年のチョルノービリ(チェルノブイリ)原発事故と二〇一一年の福島第一原発事故、IPCC(気候変動に関する政府間パネル)による継続的な気候変動への警鐘、二〇〇三年のイラク戦争と二〇〇七年のリーマン・ショック直前そして二〇二二年のウクライナ侵略にともなう投機的な石油価格高騰などを契機に、化石燃料と原子力から脱却し、再生可能エネルギーへの転換が起きてきた。同時に、自動車のEV(電気自動車)化とIoT(Internet of Things)を用いた自動運転化が進んでいる。そして情報通信技術やエネルギー転換の分野では、中国でめざましい発展が見られ、米国と中国の間で貿易戦争が起きてきた。そういう中で、二〇一八年以降の米中貿易戦争に加えて、二〇二〇年に新型コロナウィルスの世界的流行、二〇二一年の中国の不動産バブルの崩壊、そして二〇二二年二月にロシアのウクライナ侵略が起きた。次の大転換期が訪れたのである。

新型コロナウィルスの大流行は、一〇〇年前のスペイン風邪以来訪れた感染症の世界的大流行の時代になった。まだ収まったとはいえない状況で、ロシアのウクライナ侵略が起きた。再び戦争とパンデミックの時代が始まったのである。

7 新しい政治的分断と格差・貧困の拡大

いま一度、五〇年おきに起きている歴史的転換期の本質的性格について考えてみよう。

まず米中貿易戦争とロシアのウクライナ侵略によって、新たな冷戦が起きるのかという問題がある。米中貿易戦争は、中国の先端的な情報通信産業を抑えるために、アメリカはグーグルなど基本OSの使用を認めなくなった。それは米中経済のデカップリング(分断化)を強める。加えて、ロシアのウクライナ侵略が起き、欧米諸国を中心にしたロシアに対する経済制裁が起きた。欧米諸国が参戦すれば、第三次大戦になりかねない。できるかぎりウクライナを支援しつつ、外交としては最大のペナルティとなる経済制裁を選択したのである。もちろん対ロ経済制裁は、プーチンの情報統制によって侵略戦争に反対する欧米諸国に対してロシア国民の反感を煽るために悪用される可能性を否定できない。それゆえ戦争を抑える手段にターゲットを限定すべきである。

G7は、ロシアが戦争財源を調達できないように、SWIFT(Society for Worldwide Interbank Financial Telecommunication)という国際決済機構からロシアを排除した結果、ルーブルは暴落した。つぎに中央銀行の外貨準備を差し押さえしたため、二〇二二年三月にあいつぐロシア国債の利払いや元利償還が発生する中、事実上デフォルト(債務不履行)に追い込まれつつある。外国人投資家向けに国債を発行できなくなった。そして主要先進諸国はロシアの「最恵国待遇」を外した。またオリガルヒ(公益事業を牛耳るロシアの新興財閥)の資産を差し押さえた。さらに、アメリカがロシア産の石油・ガスの輸入を禁止し、EUも二〇二七年までにロシア産石油・ガスへの依存をゼロにする計画を打ち出している。

ロシアへの経済制裁は、世界経済からの排除に近い。これに対して、ロシアは欧州諸国にガス供給を止める手段をとった。石油・ガスの価格上昇を生じさせることで、欧米諸国の政権の支持を揺るがすためである。メディアを専制的に抑えることができるロシアの「優位性」は、選挙で揺さぶられる度合いが西欧諸国より低いことにある。まさにロシアは石油・ガス資源を戦争の手段として、民主主義の弱点を突いて武力で領土拡張を図ろうとしているのである。

プーチンのウクライナ侵略の結果がどうなろうが、ロシアに対する経済制裁が長期化すれば、ロシアは孤立し、中国に事実上「依存」せざるをえなくなるのではないか。ただし中国もロシアのプーチン体制に深入りしすぎれば、ますます世界から排除されてしまうので、中国に依存することによってロシア経済が復権していくことにはならないだろう。

とはいえ、ロシア・中国のブロックができたとしても、欧米諸国中心の陣営が世界秩序を安定させることができるわけではない。たしかにロシアのウクライナ侵略の国際法違反や非人道的な戦争犯罪を見れば、「自由と民主主義」という価値の優位性が明らかである。しかし、中ロなどの国が秘密警察をベースにして、情報通信技術を使った国民管理＝監視社会化を強めれば、「専制主義」はそう簡単には打ち破れないだろう。プーチンは、戦時共産主義体制の永続化が生んだ秘密警察KGBによる情報の国民管理を引き継いでいるが、とくに新型コロナウィルスの流行はさらに国民の分断を生み、国家によるプライバシーの制約と個人情報管理を生んでいる。しかも石油・ガスという資源に依存するサウジアラビアやロシアは、税金をとらずに膨大な財源を握ることができ、「専制主義」を生み出す基盤を作り出す。ロシアは石油・ガスの輸出収入で軍事を肥大化させるとともに、秘密警察出身のプーチン側近をオリガルヒで固めることで独裁的な支配体制を築いてきた。

しかし他方で、単純に「自由と民主主義」の陣営が勝つとは言えないのは、欧米諸国の経済は、「自由」の名前で膨大なマネーを膨張させて、制御不能になり、バブル経済とその破綻を繰り返し、許容できないくらい格差と貧困を拡大させているからである。それは、いまや企業自体を「自由」に売買する資本主義になっている。儲かっていれば、その企業を買えばよく、儲からなければ売れればいい。金融資本主義は、古い資本主義よりはるかに「効率的」に「搾取」を可能にする。「自由と民主主義」の名前で、情報革命下の金融資本主義をどう規制するかが問題になり、EUはGAFA(アメリカの巨大IT企業四社)の規制を打ち出している。デカップリングの淵源は単に先端産業をめぐる米中間の争いだけにとどまらないのである。

ともあれ、金融資本主義の下での深刻な格差拡大は、「自由と民主主義」に対抗する移民排斥やナショナリズムの動きを強めていく。さらに、その背後には、情報革命進行下での報道統制がポピュリズムとプロパガンダ政治を生んでいる。情報革命が進行する中、プーチンを頂点に、習近平、トランプ、ル・ペン、インドのモディ、安倍と報道機関への介入のもとにディストピア化するプロパガンダ政治が展開されているのである。ナチス同様、彼らが権力を握ると「専制主義」に一気に傾き、ディストピアによる監視社会化も進む危険な面を持っている。

プーチン・ロシアによるディストピアの原型は一九八〇年代の崩壊過程の東ドイツにあると考えられる。それは、経済と文化の劣勢の中で国家保安局(シュタージ)による監視社会に行き着いた。コロナ対策に名を借りた習近平の中国がこれに倣っている。情報人権が弱い安倍政権下の日本も同じであった。ロシア製のICBM(大陸間弾道ミサイル)技術のお古でできている北朝鮮のミサイルもその道具である。

いまや「自由と民主主義」陣営の国内において、右派ポピュリストも格差の拡大を問題にし、反グローバリズムによる産業保護と移民排斥やナショナリズムを主張し、一定の支持を得ている。にもかかわらず、欧米諸国が異常な金融自由化政策を止めることはできない。先進諸国においても、情報通信技術の発展を背景にして、デジタル情報で世界は分断され、人びとは自分の主張に都合のよい情報だけを見るようになり、分断が一層深まっていく。しかも右派ポピュリストは、事実より感情に訴える「ポスト・トゥルース(ポスト真実)」の手法を用いているので、なかなか分断は解消されない。

それはもはや冷戦時代の資本主義対社会主義の対立ではない。ロシアによるウクライナ侵略で、当面、この新しい分断は自由民主主義と専制主義の対立として現れているが、両者の間にはポピュリズムによる政治の分断、そして情報通信技術に基づく金融資本主義の暴走と深刻な格差問題が共通の基盤としてあり、どちらの陣営も解決の方策を見出せていない状況なのである。

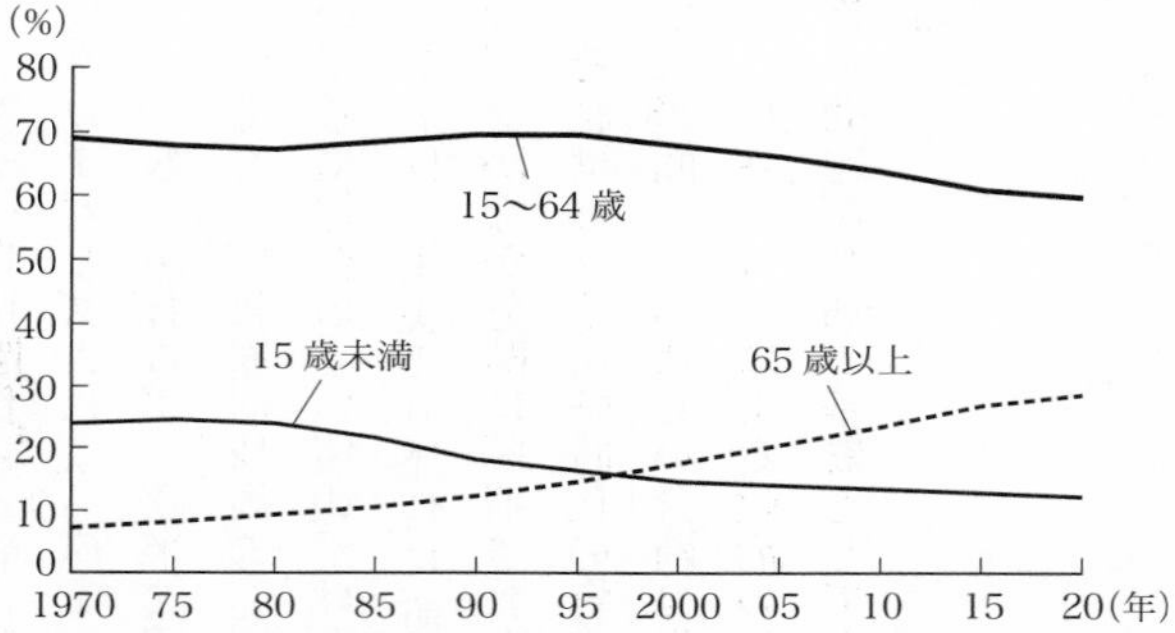

出所：総務省「国勢調査」より作成

図 1-3　年齢別の人口構成

8　人口減少と社会保障費削減の悪循環

世界経済がなかなか出口を見出せない状況の下で、日本の衰退が顕著になってきている。第三章でも再度詳しく見るが、日本では、一九九〇年のバブル経済とその崩壊以降、三〇年間にわたって経済の停滞と出生率の低下、高齢化と社会保障費の引き下げの悪循環が続き、図1-3が示すように、一九九七年の金融危機以降、生産年齢人口(一五〜六四歳)が減少し始め、約二〇年間で一〇〇〇万人以上が減った。そして、ついには二〇〇四年をピークに人口全体が減少していった。

日本では、第二次世界大戦後の、戦争放棄と基本的人権の憲法のもとで、六〇年代までの高度成長の中で社会保障制度の整備が進んだ。「産めよ、増やせよ」の兵力保持の政策のために戦争中に始まった「妊産婦手帳」と「乳幼児体力手帳」が、第二次世界大戦後の日本で、保健婦を中心に「母子手帳」として、妊娠したすべての女性とその子供を対象に保護する世界でも画期的な仕組みに生まれ変わったのはその象徴であった。乳幼児死亡の減少を背景に、日本の公衆衛生は保健所を柱に急速に改善され、国民皆保険制度の充実のもと、六〇年代の東京都をはじめとする革新自治体から高齢者医療費の公的補助などの制度が急速に整備された。ニクソン・ショック、石油ショックの最中に、厚生省(現・厚生労働省)は一九七八年、平均寿命が、男性が七二・九七歳、女性が七八・三二歳と世界一の長寿国になったと報告した。

だが、そこからの半世紀は、社会保障費が財政破綻を招くという言説が繰り返されるようになり、国民の命と健康を脅かされ、それを守ろうとする人々と壊そうとする人々の間に激しいせめぎ合いが続いている。スタグフレーションの一九七〇年代から増え始めた国債発行残高の増加は、小さな政府を目指す新自由主義者の攻撃の標的となった。

では、その背後で産業はどうだっただろうか。高度成長の歪みである公害と石油ショックに対する省エネ技術の開発は、キャッチアップに成功しつつあった自動車と電気産業に世界に進出する機会をもたらした。八〇年代からの原油価格低下と金余りを受け、ジャパン・アズ・ナ

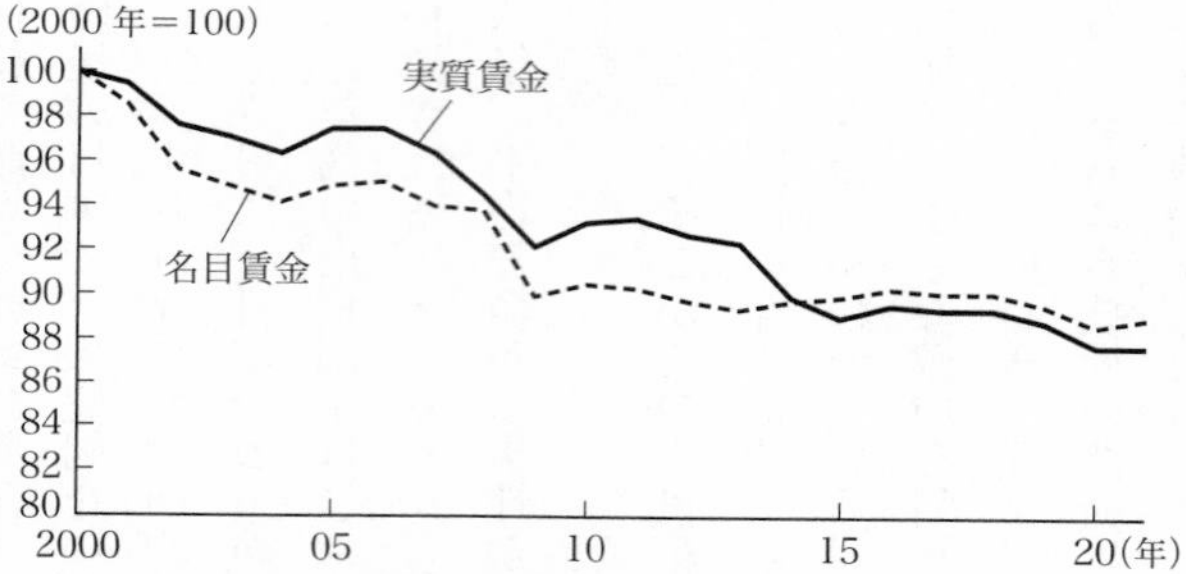

出所：厚生労働省「毎月勤労統計調査」より作成

図1-4　賃金指数の推移

ンバーワンと褒めそやされる一方で、「土地神話」という過去の残像にとらわれて不動産投資の急拡大に傾いていった。当時の中曽根政権は、日米軍事同盟の推進と、日米半導体協定によって半導体という先端産業を放棄しながら、拡張的財政金融政策の下で国鉄民営化とリゾート法(総合保養地域整備法)による不動産バブルで乗り切ろうとした。政府が投機に動くと、バブルは歯止めなく本格化していった。

一九九〇年におけるバブル崩壊は、先端産業の放棄と、その処理での責任回避により、日本のフィードバックによる経済循環を本質的に破壊した。不良債権を生み出したセクターはそのままゾンビのように生き残り、民営化されたＪＲは独特な日本版オリガルヒに変わり、政府は都会のＪＲの所有地を中心に駅の中に商業地域を再編するような特異な開発独裁体制を進め、地方を疲弊させていった。その

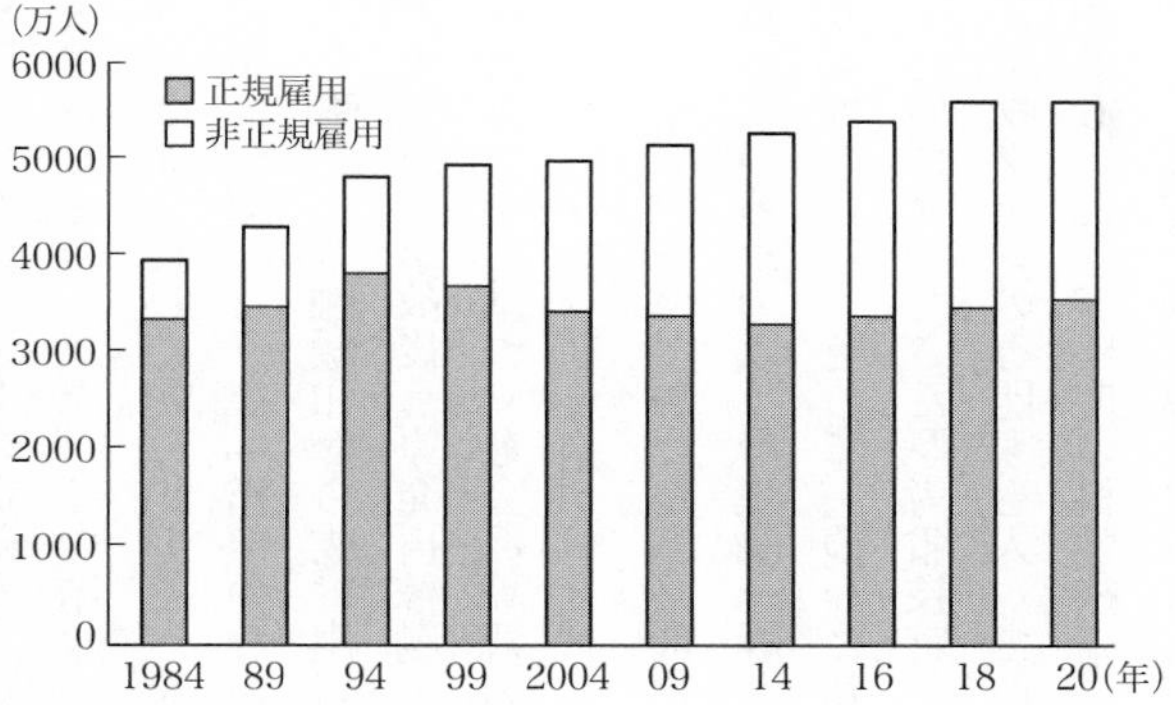

出所：総務省「労働力調査」より作成

図 1-5　非正規雇用の増加

結果、実質賃金が三〇年間上昇しない中、社会保障費を敵視する新自由主義政策が繰り返され、格差は拡大し、人口減少は歯止めがかからなくなっている(図1-4参照)。

特に地産地消の不可能な東京に若い人を集め、そこで非正規雇用を増やしていく政策は、就職氷河期を繰り返し、将来に希望の持てない若い世代の婚姻率を低下させている(図1-5参照)。若い世代の集まる東京の出生率が日本最悪という人口減少の悪循環が加速化する。その中でリーマン・ショックを迎えたのである。

リーマン・ショック後、東日本大震災と原発事故と、実体経済が弱体化する中で円高不況が起こる。そこへひたすら金融緩和を唱えるアベノミクスが登場する。産業衰退が進む中で、ひたすら円安誘導と賃下げで輸出大企業の収益を上げさせる、石油ショック以降繰り返された政策パターンを極限まで推し進めてきた。その結果、通貨の番人のはずの日銀総裁がバズーカと称して赤字財政ファイナンスにひた走り出した。金融政策のフィードバック機能はまったく失われ、日銀の金融緩和は泥沼のような「出口のないねずみ講」と化した。そして二〇二二年の世界的物価上昇に際しても、金融緩和から抜け出られず、円安で輸入物価上昇が止まらなくなってしまった。他方で、原発事故後も原発再稼働と火力発電に依存する体質のまま、エネルギー転換に失敗し、新自由主義に基づく社会保障費の削減だけが自己目的化していく典型的な衰退政策が続くことになったのである。

厚生労働省は、あたかも高齢化と社会保障が、世代間の格差を拡大し、若い世代の困窮化を招いているかのような議論を繰り広げ、社会保障費の削減を至上命令とする低医療費政策を繰り広げている。そして、ついに新型コロナウィルスの流行に直面し、ひたすら新自由主義的改革の虜になってきた厚労省技官たちを中心にした政府の専門家会議には、遺伝子工学も計測科学もワクチンの専門家も入っていない中身が空っぽな状況に陥っている。古い公衆衛生学はあっても、五〇年周期の科学技術、生物学や医学の発達についていっていないのである。その結果、発展途上国並みのＰＣＲ検査数、第六波だけでも五四万人というおびただしい数の「自宅療養」と一六一人の自宅死を生むに至った。第七波でも、自宅療養者は一五七万人（二〇二二年八月二四日段階）に増加し、入院できない患者や救急搬送困難事例がおびただしい数に及んだ。そこには世界で誇れる戦後日本の医療保険体制は跡形もなく消えかけている。

こうした傾向は地域経済の衰退が進む大阪と、過疎化の波に襲われた北海道で深刻化する。過疎化と人口減少の直撃を受けた北海道でも石炭業の衰退以来、財政赤字の悪化した典型的な石炭産業都市だった夕張市が二〇〇六年に財政破綻自治体となる。ここに石原慎太郎らの支援を受け、東京都で医療保険事務を担当していた鈴木直道が送り込まれ、総務省の援助のもとにコンパクトシティ化などのモデル事業を行い「財政再建」を進めた。二〇〇六年の負債の総額は三五三億円であったが、二〇一八年には、債務は約一四〇億円減る一方で、行政サービスの低下や公共料金の引き上げで地域の衰退も加速し、破綻時に一万三〇〇〇人だった夕張市の人口は、八三〇〇人まで減った。市の保有していたスキー場や、ホテルは中国資本に売却された。

大阪においては、それまでの主要産業であった輸出産業の電気メーカーが円高不況の直撃を受け、医薬品メーカーが合併で東京周辺に移転したことにより、産業の空洞化が進み、生活保護率が日本一になり、自治体財政が急速に悪化した。こうした中で、民間病院の中では、介護保険に伴う特別養護老人ホームなどの収益に特化し、公的病院の削減を求めるグループがはびこってくる。二〇一〇年、当時の大阪府知事であった橋下徹と、自民党から分かれた議員らが大阪維新の会を発足させ、公務員攻撃と「身を切る改革」という公的病院と保健所の削減を主たる政策に、自治体財政を「黒字化」させて勢力を伸ばしてきた。

こうした中、二〇二〇年にコロナ・パンデミックが日本を覆うと、北海道知事となった元夕張市の鈴木市長が、大阪維新の吉村知事とともに、感染症に対して何らの科学的知識も持たない、自公政権のコロナ対策を支えるマスコミの寵児となる。

日本の悪循環が極まっていく。図1-1（一一頁「都道府県別人口当たりの新型コロナウィルス死亡者数」）によれば、二〇二二年九月二日時点で人口一〇〇万人あたり死亡者数を見ると、大阪府は六八七・一人で断トツの一位、北海道は四六七人で三位を占めている。ちなみに、全国平均は三〇五・三人であり、大阪はその二倍以上に達している。こうした状況はその後も続いている。だが、大阪メディアを中心に、多数の人命が失われているという事実も、それを克服するための議論さえなされない状況が生まれている。経済衰退は、いまや、ある種のデマゴキーとファッショを生み始めている。

第二章　なぜカタストロフに行きつくのか?

——周期のメカニズム

1　繰り返しながら変わっていくことの科学

これまでカタストロフとはどのような現象を指すのかを述べるとともに、それが科学技術の発展と産業構造の転換が相互に影響しながら、繰り返し起こることが背景になっており、しばしば戦争や感染症の世界的流行を伴うことを明らかにしてきた。

本章では、生命と経済において周期がなぜ繰り返すのか、それは周期を繰り返しながら、どのようにしてカタストロフに行き着くのか、というメカニズムを考えてみる。それは、第一章の現象論に対してメカニズム論に当たるとともに、カタストロフ論の現代化をどう進めるかを検討することが求められる。

一九七〇年ごろの、ルネ・トムの古典的なカタストロフ論は、生物の形態の変化や、進化に啓発され、カタストロフを、「安定的な構造」が次の「安定的な構造」に変わっていく分岐点とする理論化への挑戦という点で注目された。生物現象や経済現象のような繰り返しながら変わっていく複雑なシステムの進化を解き明かす理論になるのではないかと期待された。

カタストロフ論は繰り返しながら変わっていく複雑なシステムの変遷を、「安定的な構造」が、変曲点または分岐点となるカタストロフを迎え、次の「安定的な構造」を生み出す現象として解明していく。「安定的な構造」は多数のフィードバックを基本とし、ある一定の範囲内では連続的に変化していくので予測しやすい。この範囲の中でのみ前の章で述べたフィッシャー統計は予測に有用であるかのように見える。しかし、カタストロフの予測にはまったく別の推計が求められる。

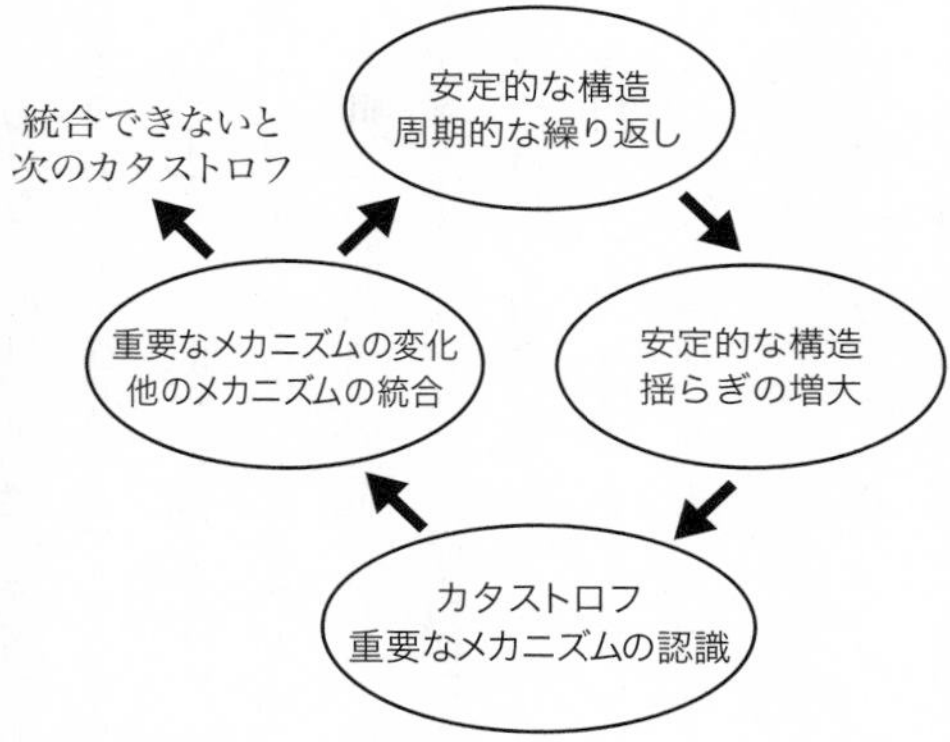

図 2-1　繰り返しながら変わっていくカタストロフ現象の模式図

生物現象や経済現象は繰り返しながら変わっていくことを特徴とする．繰り返しの変異が大きくなると，カタストロフに至るが，「安定的な構造」が，次の「安定的な構造」を生み出せるかの分岐点として捉えられる．カタストロフでの対応を誤ればカオスが生まれる．

その期待にもかかわらず、カタストロフ論は生物の進化や、景気の循環という現実の問題解決のもとになるデータが、圧倒的に足りなく、「実用性が低い」として、理解されなかった。

トムの理論に触発されたのは、ドイツのノーベル化学賞学者マンフレート・アイゲンであった。彼は、生物や経済の現象は、一つの種に定式化されるような現象ではなく、複数の亜種が存在する現象であるとの理論を、「エラー・カタストロフ」の理論から導き出した。

同じように、前頁の図2-1のように、循環する現象は、実は一つのシステムではなく、多数のシステムが混在し、それが引き込まれて、一つの安定的な構造を作っている。カタストロフを迎えた時には、縮約されて、中心的な循環するシステムの破綻が目に見えるようになる。だが、安定的なシステムを再構築するには、現実を構成する多数の循環するシステムの再統合が求められるのだ。

今回の、新型コロナウィルスのパンデミックは、繰り返しながら進化する変異株が、世界を覆うように広がり、突然、自壊して消えていくというカタストロフの繰り返しを見ることとなった。

いまだに「セントラルドグマ」が主流であった医学は、RNAワクチンという新しい予防薬を手に入れながら、この繰り返すカタストロフというパンデミックに的確な対応を行えず、確認されただけでも六億三六〇〇万人が感染し、六六〇万人以上が亡くなったと二〇二二年一一月初め段階で報告されている。さらに、膨大な感染者が、飛行機に乗って、世界中にスピーディーに広がり、二一世紀のパンデミックは、武漢型のウィルスへのワクチンを潜り抜けて変異したオミクロン株を生み出した。

一方で、感染の爆発的な拡大は、「集団免疫」とも思える状態を生み出し、もはや感染拡大の対応は諦め、ワクチンを繰り返し接種することだけを対策とし、高齢者死亡は黙殺する「敗北の受容」が広がっている。

こうした失敗に学び、カタストロフを繰り返しながら変わっていく生物現象や、経済現象では、「初期値=リアルタイムでの情報把握の重要性」、「周辺状況=一国だけでない世界におけるエピセンター(震源地)からの広がり」、そして「膨大な情報を並列に処理する科学技術」が必要なことを述べていく。

2 なぜ変異株が周期的に襲ってくるのか?

新型コロナウィルスの変異のメカニズム

今回の新型コロナウィルスのパンデミックの特徴は、一つの変異株の波がやってきて、しばらくは止めようがないほど、若い人の宴会での感染から保育園、家庭まで恐ろしい勢いで広がる。病院の院内感染や高齢者施設内の感染が起きて多数の人が亡くなる。そうかと思うと、急激に陽性患者数が減り出し、しばらくは、地域によってはゼロに近くなるまで感染者数が減る。そしてまた、帰国者や入国者から新しいタイプの変異株が広がり、止めようがなくなり、医療崩壊が起こってきたのである。では、この新型コロナウィルスの感染拡大で見られた周期性の正体は一体何なのか。

残念ながら、厚労省技官中心の政府の専門家分科会では、遺伝子工学、計測科学、免疫学の専門家たちが主導的役割を果たせなかった。一〇〇年前と同じく「手洗い、マスク、三密回避」が強調され、飲食店バッシングを繰り返したが、それにかかわりなく、感染の波は繰り返し、しかも次第に大きくなっていった。結局、その本質的なメカニズムの解明はなされないままだった。

ここでは、新型コロナウィルスの変異と、なぜそれが波のように繰り返し、そしていつの間にか消えていき、またしつこく新しい変異株が生まれてくるのか、まずは具体的な波の動きに沿ってまとめ、そのメカニズムを現代化したカタストロフの理論から捉え直してみたい。

感染の波はどのように広がったか

図2-2は、日本における新型コロナウィルスの感染の七つの波までの死亡例を示す。

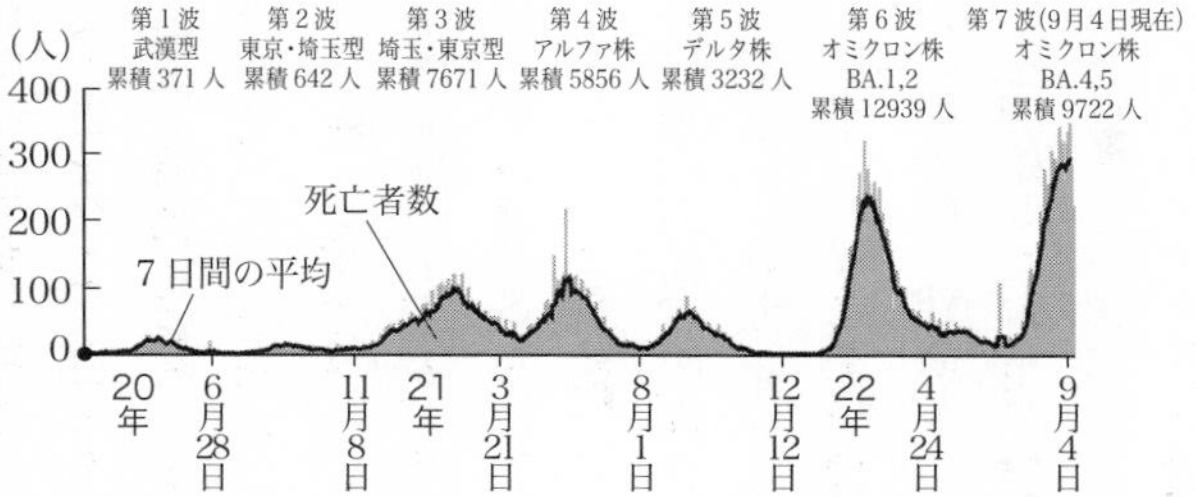

図 2-2 新型コロナウィルスの感染の波ごとの死者数
変異の波ごとに死者数が増えていることがわかる．感染者数と7日間平均は，ジョンズ・ホプキンス大学の CSSE のデータを，日本国内の累積死者数は NHK のまとめをもとに作成．

今回のパンデミックで最初に発見されたウィルスのタイプは武漢型と呼ばれる。二〇一九年一二月、中国内陸部の武漢の食品市場の周辺で、重篤な肺炎の患者が多数発生した。中国の遺伝子工学者たちは、ウィルスを素早く同定し、世界最大の医薬品企業ロシュなども取り組み、翌年一月中旬には、遺伝子増幅検査であるPCR検査法が確立された。歴史的な速さであった。その詳細は北京の研究者からニューイングランド・ジャーナル・オブ・メディスン誌に詳しく報告された(Na Zhu et al. *N Engl J Med.* 2020; 232, 723–733)。

このウィルスは、三万個ほどのRNAの配列を持ちRNAウィルスとしてはインフルエンザ(一八〇〇〇塩基)やC型肝炎ウィルス(九六〇〇塩基)より一・六〜三倍大きい。コロナウィルスとしては、RNAの配列が一番似ているのはコウモリのウィルスで、九六%が一致する。以前流行したSARSとは八〇%、重症化の少ない風邪コロナとは五割程度の配列が一致する。当初、武漢市当局の動きは極めて鈍かった。初期にいち早く、SNSで警告を発し、自らも診療の先頭に立った若き眼科医李文亮医師(当時三三歳)は、警察から「虚偽の報告を止めるよう」警告され、「噂を広めている」と捜査対象とされた。李文亮医師自身も感染し、二〇二〇年二月七日、死亡した(Asahi Shimbun GLOBE+二〇二一年二月一〇日掲載)。

二〇二〇年一月一八日、二〇〇三年のSARS感染拡大を抑え込んだ対策立案の中心人物、中国工程院士(アカデミー会員)で呼吸器疾患専門医の鍾南山医師が武漢に乗り込み、このウィルスがSARSと異なり、無症状で感染を広め、病院の中での院内感染を引き起こして止まらなくなることを見抜いた。そして、ただちに野戦病院型の大規模隔離施設の建設、大規模PCR検査の開始、医療資源の投入と武漢市のロックダウンを提言した(浦上早苗 Business Insider Japan 二〇二〇年三月一三日掲載)。

戦慄した習近平政権は対応を一変させ、このアドバイスに従い、一〇日間で一〇〇〇床規模の隔離病院を建設し、一〇〇〇人を超えるウィルス、感染、免疫、検査の研究者を結集させ対応を開始した(厚生労働省・外務省「COVID-19に関するWHO・中国合同調査団による報告書(概要:仮訳)」二〇二〇年三月)。

コロナウィルスには重症化しやすく死亡率も高いSARS、MERSと、香港などで単離された少なくとも四種類の風邪症状で治りやすい先行した種があり、中国沿海岸地域では武漢型とは別のコロナウィルスに対して免疫を持つ人も多かったと思われる。それを裏付けるように沿海岸地域への感染の広がりは鈍く、大規模な感染は終息に向かった。三カ月後、武漢では一〇〇〇万人のＰＣＲ検査が行われ、三〇〇人ほどの無症状の保因者が見つかり、またすでに感染していた三万人余りの中からは一〇四名がいまだにウィルスを保持していた。

今までのＳＡＲＳやＭＥＲＳと違い、無症状の保因者を通じて、潜在的な感染が維持され、それがしつこい感染のもとになることがわかってきた。それに対して、無症状者の徹底的な検査が感染の抑止に重要であることが示された。

日本への最初の本格的な感染の波及は、香港からのクルーズ船の中国人乗客からの広がりであった。しかし長年の感染症対策費の削減の中で劣化していた厚生労働省の感染対応は極めて稚拙であった。二〇二〇年一月二〇日に横浜を出港したクルーズ船ダイヤモンドプリンセス号では、一月二三日から発熱などを示した患者が香港で下船し、二月一日に新型コロナウィルスの感染者であるとの報告を受けた。船内で発熱するものが出始め、二月三日に横浜に帰港すると、ＰＣＲ検査を受けて、食事係を含めて感染者が次々と発見される。

しかし厚生労働省では、ＰＣＲ検査すら十分に行うことができず、船内のゾーニングもできず、三七一一人の船員・乗客のうち七一二人が感染し、一七人が死亡した。PCR検査などの能力を持つはずの国立大学は、文科省の方針にしたがって何もしないことに徹し、国立大学関係者の動きも極めて消極的であった。たかだか三〇〇〇人程度のPCR検査が、国立の中心機関であるべき感染症研究所でできないという、日本の研究力が国際的に劣悪なレベルに低落していることが図らずも明らかになってしまったのである。

その失敗に対して、厚生行政を主導する厚生技官たちは、PCR検査は偽陰性、偽陽性が多く、無症状の人に検査してはならないという検査否定論で自己弁護に努めた。それに乗って検査否定論を振りまいた大阪維新の会がコロナ対策に失敗するのは、その科学リテラシーの低さの反映であったと言えよう。船内に拘束だけして、検査もせず下船させ、その結果、感染者が続出し、死者が増えていく、まるで人体実験のようなクルーズ船の惨状は連日マスコミで報道され、日本国民全体に深刻な懸念が広がった。

日本における第一波と呼ばれる感染の市中への拡大は、意外なことに中国からではなく、三月からの欧米帰国者によって日本に持ち込まれた。イタリア、イギリスから広がった感染はアメリカのニューヨークでも拡大し、三月には欧米からの帰国者が急増し、それにつれて市中感染が見られるようになった(日本経済新聞「「帰国者からクラスター」厳戒を　都市部の対策重要に」

二〇二〇年三月二四日掲載)。

不思議なことに、武漢から始まった感染の拡大は、中国の沿海部に向かうと、あまり拡大せず、収束していく。しかしミラノ、ヴェネツィアなど中国人旅行者の多かったイタリアで急速に感染が広がった。これらの地域のウィルスはより感染性の高いG614D(欧米型)と言われるアミノ酸変異が特徴的であった。欧米型の起源は不明であるが、西海岸から武漢型が流入し、東海岸に欧州から欧米型が流入したアメリカでは、感染スピードの速い欧米型がすぐに優勢な感染株となった(Korber-B et al. *Cell.* 2020; 182: 812–827)。

迷走するコロナ対策

こうして人類史上初の、世界規模でのウィルスの進化のリアルタイムでの観測が始まった。

これに対して、厚労省は多年にわたり、医療費の増大を恐れて社会保障費の削減のみを目指していた。そのため厚労省はPCR検査の拡大に一貫して消極的であった。データもないまま、安倍内閣は二〇二〇年二月二七日、突然、首相の指示で全国一斉の休校を宣言し、三月二四日、根拠もなく東京五輪の一年延期を提案し、効果も不十分な布製のアベノマスクを全国民に配るなど迷走を繰り返した。

四月から五月に緊急事態宣言での自粛要請が行われる。緊急事態宣言は、「専門家」の説明として、「人流の八割抑制」など、何をもって「人流」というかも不明確な、目標も、性格も曖昧なものであった。感染のほとんどない自治体では、東京など外部からの旅行を禁止するパニック的な性格すら示していた。緊急事態宣言の効果の検証もないまま、第一の波のウィルスは消えていく。

筆者の一人(児玉)は、日本で新型コロナウィルスの抗体を、抗原別、抗体のタイプ別に詳細に検討することを国内の六つの施設の協力で開始し、すでに新型コロナウィルスに対する交差免疫が存在する可能性から始まり、新型コロナウィルスに対する免疫反応が個人により違うことの解明を進めていた。

第一波の減少後、七月になると東京の新宿区や、埼玉で、日本独自の変異を持った東京・埼玉型の感染が発見される。第一波は、外国からの持ち込みで比較的発見されやすかった。クルーズ船の船内感染の集中的なマスコミの報道から、感染の広がりに脅威を感じていた国民にとって、緊急事態宣言は、大きな緊張感を持って迎えられ、東京五輪の延期も大きな社会的影響を与えた。飲食店、宿泊業、コンサートやプロスポーツへの影響は大きかった。特に、影響が大きかったのは突然の一斉休校であり、夫婦共稼ぎ世帯などでは両親のどちらかが勤務に行けないという問題まで起こった。こうして休みの取れないエッセンシャルワーカーと、リモート勤務の可能な大企業社員などに仕事と感染リスクの格差が広がった。

欧米帰国者中心の感染は、意外なことに、繁華街・歓楽街に根付いた。東京の新宿区や埼玉の繁華街・歓楽街で第二の波が出てくる。新宿などの繁華街での営業が困難になると、新宿区からの人口流出が急増し、首都圏、愛知、大阪、福岡、沖縄の繁華街への関係者の移動が起こる。政府にも繁華街対策が感染防止の焦点としての認識があったことは二〇二〇年一〇月の新型インフルエンザ等対策有識者会議のワーキング報告書にもみられる(「大都市の歓楽街における感染拡大防止対策ワーキンググループ　当面の取組方策に関する報告書」)。

「アイゲンの限界」とそれを超える変異株の出現

当初、新型コロナウィルスで検出される変異は、いわゆる「アイゲンの限界」で、年に二〇カ所程度と報告されており、三~四カ月程度の潜伏期で、六カ所程度のわが国独自の東京、埼玉の繁華街のエピセンター(震源地)から変異株が出てきたのは、理論通りであったといえよう。

アイゲンの限界というのは、ドイツの生物物理学者マンフレート・アイゲンが、RNA複製酵素を用いて行った実験から一九七一年に理論化したものである。RNAを増やす酵素は、読み間違いがある。RNAウィルスは読み間違いで変異し、感染性を増していく。

アイゲンは実験の読み間違いの率から、変異すれば進化するが、変異率が増えすぎるとウィルスにとって致命的な変異が起こるチャンスも増え、死滅してしまう確率が飛躍的に大きくなるエラー・カタストロフを予測し、変異率の限界を指摘した。一般のRNAウィルスよりRNAが二倍ほど長い新型コロナウィルスでは、変異率が高いウィルスはすぐカタストロフを迎えて増殖できなくなる。緊急事態宣言のように行動を自粛し、ヒトとヒトの接触を減らし、感染機会を減らせば、変異が積み重なってくると、急速に減少すると考えられた。

安倍晋三政権は、コロナ対応の失敗から退陣するが、後継の菅義偉政権は八月に広がったウィルスが十分に減少する前に、観光業と飲食業の回復のためにGo Toトラベル、Go To Eatキャンペーンという感染を拡大させる真逆の政策をとってしまった。政府の専門家会議もずるずると追認していった。

無症状または発症前のウィルスを多量に排出する患者が旅行をすると、行く先々で感染者を拡大させてしまい、追跡しての感染予防が極めて難しくなる。このため、菅政権にGo Toトラベルを求めた鈴木知事の北海道で、感染が一気に拡大し、日本最初の大規模な地域医療崩壊とも言える院内感染の急増が二〇二〇年一二月に旭川市で起こった。一年延期したものの東京五輪の開催を政策の目玉とした菅政権の対応は遅れた。第二波と第三波は、東京型と埼玉型の二種類の変異株が比率を変えて二回の感染者増加の波を生み出した。

すでにオーストリアのチロル地方のウィルスの遺伝子検査で、感染が成立しやすいのは、一〇〇〇個以上の複数のウィルスに感染した場合であることがわかっていた。感染するウィルスは単一ではない場合が、感染拡大を起こしやすい。

この東京・埼玉型は、日本の中で、変異を生み出し拡大再生産する震源地が形成され、感染が根付き、変異したウィルスが生まれてきたことが観測された最初の事例である。同時に、国内に変異株を生み出す震源地が形成されたことにより、しつこい感染が繰り返された最初の事例ともなる。そこに、政府が、一〇月からGo Toトラベル、Go To Eatと呼ばれた、旅行、外食の奨励策を政策的に取り始めたことが、第三波でも北海道の医療崩壊を生み出し、北海道が都道府県別死亡率第一位に躍り出る。

だが、その後、世界では、アルファ型から始まり、アイゲンの限界を超える変異を持ったウィルスが多数見つかってくる。それらは別の扱い方が必要になる。

ウィルスは亜種で進化する――ハイパーサイクルのメカニズム

二〇二〇年の一二月、イギリスで、今までと異なる多数の変異を持つウィルスがまとまって発見され憂慮すべき変異として、アルファ株と名付けられた。このウィルスは、欧米型の特徴を持ちつつ、それまでよりずっと多くの変異を持ち、しかも感染しやすさは、今までの欧米型よりずっと強い。あっという間に、イギリスのコロナ感染者は、アルファ株の感染者ばかりに置き換わってしまった。この株に感染した人は、従来同様、一定の率で重症化した。ただし、ワクチンの重症化予防の効果も、抗体医薬品の効果も従来と変わらず、有効であると思われた。

それに続いて、同じように感染性の強い多数の変異を持った変異株、ベータ株が南アフリカで、ガンマ株が中南米で、デルタ株がインドで相次いで発見される。

なぜ、アイゲンの限界を超えるようなウィルスが世界で一斉に見つかってきたのだろうか？

実は、アイゲンは、一九七〇年代に、変異と進化の関係の検討をさらに進め、ウィルスは種(species)でなしに亜種(群 quasi species)で進化するとの結論に達していた。単一の種は変異が増えると、死滅の可能性が大きくなりすぎるのに対し、遺伝情報の異なるウィルスが複数混在すると、死滅を回避でき、進化の可能性が飛躍的に高まるというハイパーサイクルの実験結果からの理論化である。一九七二年に発表した『自然と遊戯』という本の中で、コンピュータ・シミュレーションの結果として、複数の変異を持つ亜種(群)から次々と増殖性の増した変異株が増え、消えていく波を予測した。

実際、新型コロナウィルスの二〇二一年からの変異株を分析すると、根っこの「幹の集合体」から変異株が出てくる様子がわかる。二〇二一年になると、多数の変異を持つ「株」の感染が、イギリス、南米、南アフリカ、インドなどでアルファ、デルタなど次々と報告されてきた。これらの変異株がどう生まれてきたかを進化の系統樹で分析したのが次頁の図2-3である。アイゲンの限界にしたがって、株が順番に進化する場合は、武漢型、ミラノ型など欧米、そして東京・埼玉などにエピセンター(震源地)が作られ、地域特有の株が進化してくる。ところが、二〇二〇年後半のアルファ株以降の世界の変異株は、共通の幹の集団から枝葉が出てくる、最初に「亜種(群)」があり、そこから次々、選択されるものが残ってくるモデルに変わり、ハイパーミューテーションのメカニズムがよりよく当てはまるようになっている。

これらの変異株は、これまでの株より感染しやすく進化し、インドではデルタ株が席巻し二一年五月には一日で四〇万人をこえるPCR検査陽性者が出て、一日の死者が四〇〇〇人を超える日も出てきた。ところが、このウィルスは、ピークを過ぎると、急速に自壊して消失していく。日本でも、新型コロナウィルスの感染拡大は、現時点で七つの波=周期性を繰り返すこ

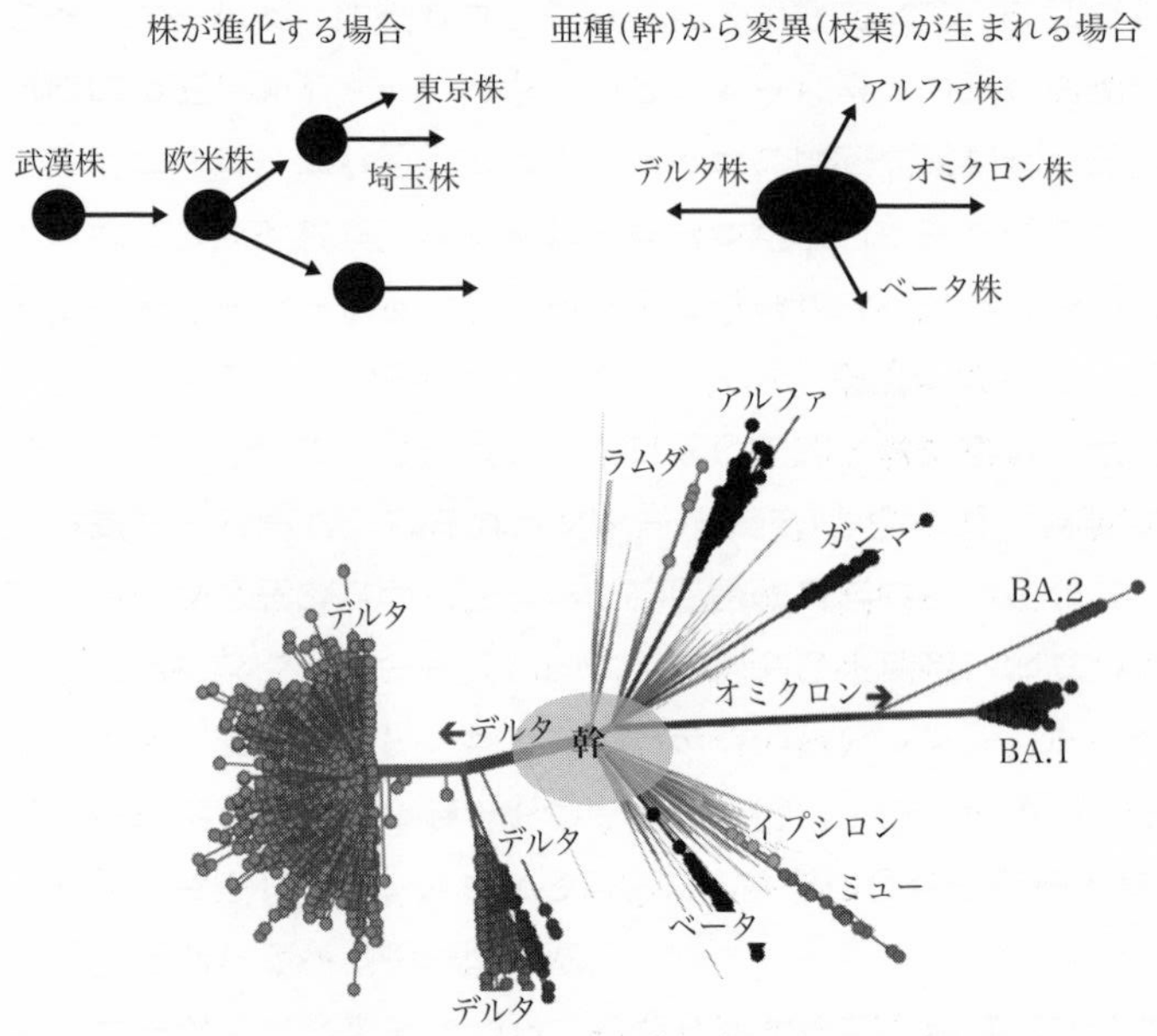

図 2-3　系統樹から見た変異株の生まれ方

新型コロナウィルスは，初期には，武漢株から欧米株のように変異株を元に次の変異株が生まれていた(図上左)．だが，後に出てきたアルファ株からオミクロン株では，亜種(幹)から多数の変異(枝葉)が生まれている(図上右)．下の図は，Nextrain のデータをもとに，遺伝子の配列データから変異株の系統樹を作成したものである．

とになった。特に、後半のアルファ、デルタ、オミクロン株による三つの波は、アイゲンの限界を超えたハイパーミューテーション・モデルにほぼ的中するものになっている。

これらの変異が多数現れ、感染株の成立については、世界の医学雑誌に次々と、免疫不全の人々の中で治療やワクチンに耐性を持つ変異が増えていった経過が報告されてくる（Avanzato V. A. et al. *Cell.* 2020; 183: 1901–1912 あるいは、Choi B. et al. *N. Engl. J. Med.* 2020; 383: 2291–2293 参照）。

免疫不全の人では感染すると、ウィルスは増えるが、症状は致命的にはならず、普通の人では一〇日程度で消失するのが、一〇〇日以上感染が続く。そこで抗体や薬剤での治療が行われるが、免疫不全なのでなかなかウィルスが排除されず、治療に耐性のウィルスが増えてくる。しかも一人の免疫不全の人の中で、アルファ株に特徴的な変異も、ガンマ株やデルタ株に特徴的な変異が生まれてくる現象が報告されるようになった。

まさにアイゲンの複数ＲＮＡによるハイパーサイクルを思わせる感染が繰り返されることになる。そしてハイパーサイクルで予言された通り、複数ウィルスで感染が広がりながら、次第に増殖性の多いウィルスばかりになると、デルタ株の第五波に見られたように、急速に自壊して感染の波はカタストロフに向かう。

3　周期的カタストロフをデータから解き明かす

ルネ・トムによる理論の限界

アイゲンが使ったカタストロフという表現はどのような意味で用いられたのか。

哲学では、よく「量から質へ転化する」という言い方がされる。量が少ない時の法則が、量が多くなってくると当てはまらなくなり、別の法則が支配するようになることを指す。哲学に詳しい人でも、ヘーゲルの弁証法を想起しつつ、別の法則に転化すること自体を法則とするだけで終わらせるか、結局は二つの別の法則があるということですませてしまう。これに対して、科学として、ゆらぎの量が少ない時の法則と、ゆらぎの量が増えて法則がどう変わるか、どこでそれが分岐点を迎えるかを検討しようというのが、カタストロフ論である。

アイゲンのエラー・カタストロフは、変異があるから進化できる。しかし変異が多すぎると、死滅してしまう、という事実に立脚している。ところが、アイゲンの亜種(群)では、ある変異株のカタストロフは終わりを意味するのではなく、次の変異株の生成をもたらし、周期的な繰り返しを生むことを解き明かした。アイゲンのコンピュータ・シミュレーションは周期自体のカタストロフ、要するに亜種(群)の死滅もありうることを示している。だが、それとて、より根っこの幹のウィルスから別の亜種(群)が何年かして生まれてくる可能性を否定しない。

生物現象や社会現象で分岐点に注目したのが、ルネ・トムのカタストロフ論である。トムは、生物の形を実例に、なぜ進化の過程で多くの生物が異なる遺伝子を持ちながら、似た構造を経て変化していくのかに興味を持った。

そこでのキーとなる概念は、「安定的な構造」が次の「安定的な構造」に移る時、カタストロフ=分岐点を経る、というカタストロフ概念だった。「変態」と呼ばれるような、一見、破局に見えるような複雑な動きが突然起こり、それが次の「安定的な構造」に収束していく、その分岐点が注目された。

フランスの数学者ルネ・トムは、一見、脈絡のなく見える分岐点が、実は古典的なルールに則ってパターンを変えていることをいくつかの実例から理論化した。一九七二年に発表した『形態と構造——カタストロフの理論』(E・C・ジーマンとの共著、宇敷重広・佐和隆光訳、みすず書房、一九七七年)の中で、カタストロフを系統的な理論にした。

繰り返しながら変わっていくものの法則性として変曲点、または分岐点と呼ばれるパターンの変化に注目し、その分岐点をカタストロフと考えたのである。もちろん、そこには周期の死滅もある。パターンの死滅もある。だが、一見、死滅に見えるカタストロフの後に、異なるパターンが出てくることを予測しようとしたのである。

むしろ今まである一定のルールに乗って作られてきた形が、急に方向を変え、別のルールで形作りを続けるように見える分岐点をカタストロフとして、その前後の変化のメカニズムが明らかになることに注目したのである。トムが理論化したのは、すでに関数として定式化されている構造が、急激に変化をする分岐点というのがどのように形成され、次の「安定的な構造」がどのように生まれるかという、すでにわかっている記述可能なシステムの変容であった。

カタストロフ論は数学の理論として語られることが多かったのでやや馴染みにくい人も多いと思われる。トムが考えたのは、特異点での前後の「安定的な構造」の変化である。彼が取り扱ったのは微分方程式などで記述可能な「古典的」なモデルであるのが特徴である。

どういう意味でトムの「古典的な理論」が革新的なアイデアだったのか。それまでの弁証法などの哲学での「量から質に転換する」という命題では、量が少ない時と、量が多い時ではルールが違うとされ、なぜ違うルールになるかは語られない。カタストロフ理論は、ニュートン力学のような古典的な世界観、決定論的な世界観に基づいて量が質に変わるような分岐点をカタストロフと呼び、なぜそこが破局に見えるような大きな転換をもたらすのかを考える理論だったのである。基本的には連続的に変化する幾何学(トポロジーとも言われる)による生物の形態形成や経済現象の変動のメカニズムを説明しようとするものである。

ルネ・トム自身は「カタストロフ理論に導いたのは、胚発生学の研究である」として、受精卵という球体の表面の細胞が、内部に入り込んで複雑な胎児の構造を作り出す形作りの変化に興味を持った。だが、当時の状況は、それ以上の理論的発展を生物学に求めることはできなかった。

当時の実験生物学は、多様性と意外性の帰納的な学問であり、事実を発見するのにいかなる理論も必要としなかった。膨大な事実は、理論の墓場を生み出し、次々と出てくる事実を理論化しようとすれば、天動説にこだわって複雑怪奇なものとなった天文学と似たような、近づき難い複雑な発生学の神学論争に付き合うことになる。

トムは、第一章に述べたワディントンの本に影響を受けたとし、この本の「エピジェネティク・ランドスケープ」の考え方が、「安定的な構造」に関する彼の考えに大きな影響を与えた、としている。しかし、当時の生物学の状況は、それ以上この理論の発展を許さなかった、とトムは『形態と構造』(邦訳、一五四頁)の中でこうぼやいている。

「カタストロフ理論の発想に導いたのは、胚発生学の研究である」が、「現在のところ生物学は、諸事実の巨大な墓場」とされる。「これは極めて多くのパラメーターを含む調節機構を全体的に記述するには多次元の図形を必要とし、そうすると現在の生物学者の手に負えなくなるからだろう」(邦訳、一五五頁)ということで、「おそらく一世代」実用性がない、という議論になってしまった。

こうしてトムの古典的カタストロフ論は、科学が自然を眺める一つの可能性を提示した。不連続や断続を通して、ある「安定的な構造」が別のものに変化し、新しい「安定的な構造」が現れる、つまり、構造安定性とその喪失から複雑な自然現象を見直すことである。だが、同時に、このような可能性にふさわしい生物現象や経済現象を「記述」することが求められたのだ。

コンピュータを使った数値予測——チューリング、シャノン、ノイマン

数学理論としてのトムのカタストロフ理論は大きな可能性を持ちながら、比較的単純な数式における分岐点を観察するものであったために、生物の形や、景気の循環など、システムの発展として、複数の要素がかかわるものの予測にとって実用性が乏しかった。

破局に見えるような複雑な動きが突然起こり、それを分岐点にして次の「安定的な構造」に移行するカタストロフに関して、コンピュータの発展に伴う情報革命は、複数のもの(要素)の

関わる予測に関して大きな展開の可能性を与え始めた。データをたくさん集めると、そこにある情報を、バイアスなしに用いることにより、背後にあるメカニズムを予測できるという可能性が生まれてくる。

この情報革命には、チューリング、シャノン、ノイマンという三人の人物が貢献した。コンピュータによる情報革命の基礎は、第二次大戦中のアラン・チューリングの天才によりもたらされた。チューリングはコンピュータの黎明期に暗号解きの研究に従事し、チューリング・マシンとして計算機械を定式化して、その知性や思考に繫がりうる能力と限界の問題を議論するなど情報処理の基礎的・原理的分野において大きな貢献をした。

チューリングは、ドイツ軍の暗号を推計して解いていく作業で、それまでの確率は変わらない値として扱うフィッシャー統計学に対して、確率はデータが増えるにつれて変わってくるというベイズの推計をもとにした。データが入ってくるとどんどん処理する、オンライン学習型の解読機械を開発したのだ。

当時、イギリスのチャーチル首相は、ドイツの暗号を、ポーランドで開発されていた方法をもとに、解読するチームを作ろうとしていた。ベイズ推計嫌いで知られたフィッシャー統計のロナルド・フィッシャーも応募したが、ドイツ人と仲が良すぎるとして採用されず、チューリングが採用されてベイズ推計をもとに解読したと言われている。冗談のような、よくできた話である。チューリングは後で述べるように「安定的な構造」が作られるメカニズムの理論化にも貢献する。

チューリングとともに、コンピュータの発達に大きな貢献をしたのは、アメリカの電気工学者クロード・シャノンである。彼は、修士論文で電子回路の基礎となるONやORの回路を設計する。直列がONで、並列がORに対応することを示し、「世界で最も重要な修士論文」と呼ばれている。情報処理の基礎理論と実際を進め、情報を通信する際の、誤りを発見するための訂正符号を考えついた。今日のスマホなどのデジタル通信の基礎でもある。遺伝子複製の時の変異に注目するアイゲンとも共通する考え方である。

シャノンは、チェスに勝つためのコンピュータ理論の開発にも取り組んだ。駒の価値や、駒の位置の価値、移動の価値などをすべて数値化して「局面」の価値を評価する手法を開発した。ゲーム展開を探索木(Search tree)に分類してどの着手がもっとも良いかを探索する方法について考察している。探索木の考え方は、生物の進化における系統樹(Phylogenic tree)にもつながる重要なものである。シャノンのさらに大きな貢献は、時間を追って起こる情報処理における確率の問題を、統計力学における乱雑さの度合いを示すエントロピーと似た考え方を提唱した。

情報のエントロピーは、そのことが起こりにくければにくいほど多い。ランダムな雑音に情報量が少ないのに、シンフォニーの演奏の楽譜は情報量が多いようなものである。シャノンの情報理論の、エラーチェックの原理を知っていれば、ＰＣＲ検査の「偽陽性」「偽陰性」の不毛な議論など、ポジティブ・コントロール、ネガティブ・コントロールをプレートごとに入れればいいだけの話であることはすぐ理解されたであろう。化学反応の研究者だったアイゲンのエラー・カタストロフの理論は、チューリングやシャノンの理論の影響を強く受けて生まれた。

今日のコンピュータの構造の原理設計に大きな貢献をし、それを実際の複雑な問題の計算に利用し成功を収めたのは、ハンガリー生まれでナチスを逃れてアメリカに移住したジョン・フォン・ノイマンである。コンピュータのプログラムを、データとして記憶装置に記録し、これを順番に実行していくシステムは、彼の貢献に因んで「ノイマン型コンピュータ」と呼ばれている。

ノイマンは、手計算では難しかった気象予測のための数値計算に取り組んだ。大気の状態は、気圧、風、気温、湿度、雲粒・雨粒・雪・霰《あられ》・雹《ひょう》などの量で表わされる。これらの量を、あるところで測定し、時間とともにどう変化するかを方程式に合わせて順次計算していくことで気候の変化を予測できる。計算を簡単にするために、地球表面を、定まった大きさの立方体のメ

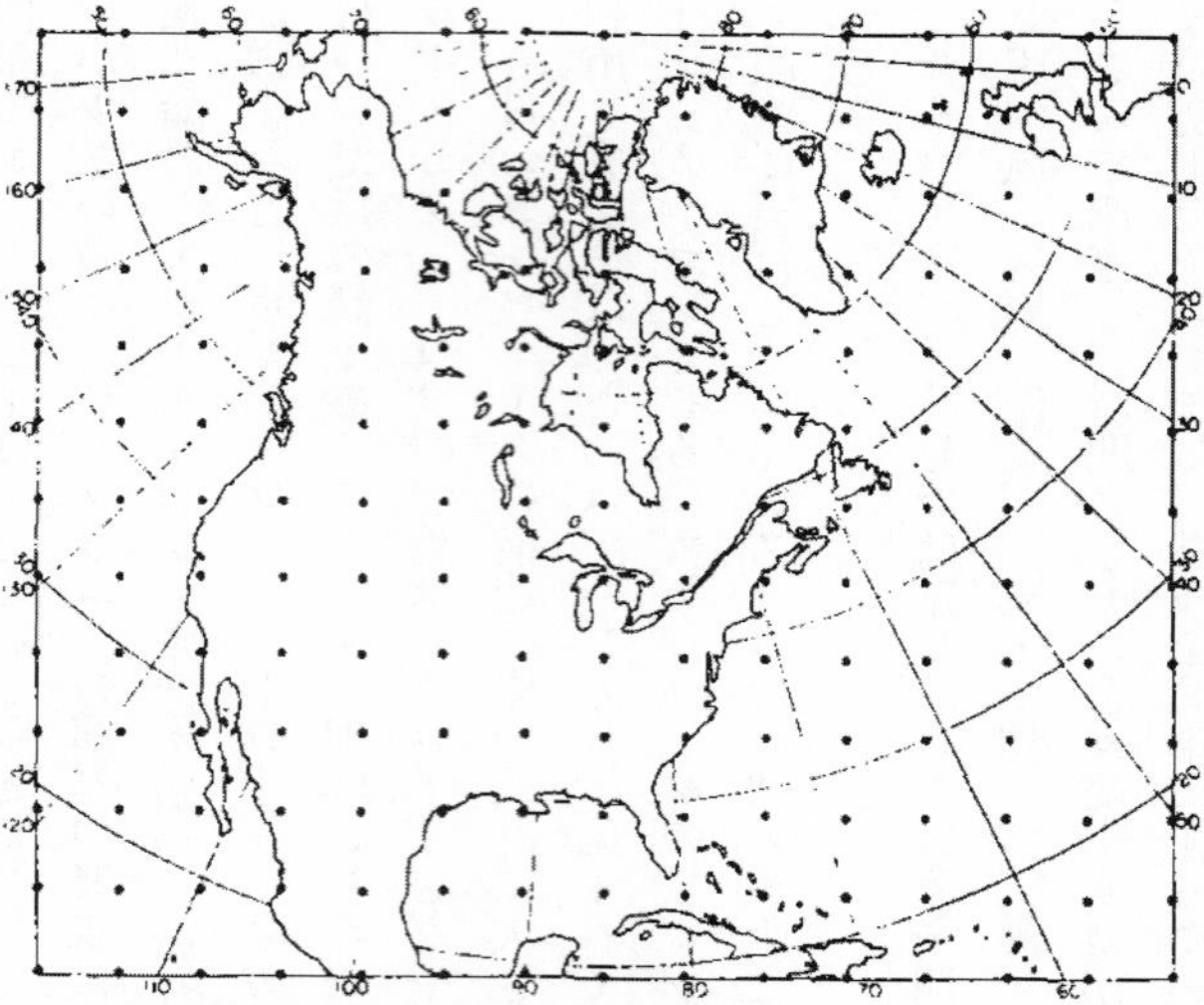

Charney-JG, von Neuman-J et al. *Tellus* (1950) vol. 2, 237–254.

図 2-4　世界で最初の 24 時間気象予報(1950 年)
ノイマンらは 1950 年，北米大陸を 736 km ごとの間隔で，15×18 の格子として数値計算し 24 時間の気象予報を精度良く行った．

ッシュに区切って、順次計算していく。

図2-4が示すように、一九五〇年アメリカ上空を七三六キロメートルごとに、15×18個の格子に分けて、空気の流れを、順次計算して、二四時間の予報にある程度、成功した。一九五二年には、気圧の傾きを考えてモデルで低気圧の移動を予測できるようになった。この研究グループが一九五四年からアメリカの天気予報を担う国立環境予報センター(NCEP)になっている。

ある場所で、空気が、どちらの方向に、どの程度動いているかを測定する。そのデータをもとに、一定時間後に、どう移動するかを予測する。全部の格子について、入ってきた空気と出ていった空気の量とスピードと方向を分析し、次の予測をする。これを二四時間分繰り返して、二四時間後の雲や低気圧の状態を予測するのだ。

だが、数値予測には乗り越えなければならない方法的難点が存在していた。

バタフライ効果――初期データなしに未来は語れない

だが、こうした数値予測の理論的な問題について、ある問いかけが数値予測による気象予報の実例をきっかけに大きな波紋を引き起こした。

「ブラジルの一羽の蝶の羽ばたきが、テキサスで竜巻を引き起こすか？」

数値計算による気象予報に、致命的な弱点があることに気づいたのは、MITの気象学者、エドワード・ローレンツである。彼は一九六〇年に、気象予測の計算をしていて、最初のデータをわずかに変えたところ、たとえば、ある数値の小数点以下を省いただけという些細なものでも、長期予報が大きく異なってくることを発見した。この些細な最初の値で長期の結果が異なることを「バタフライ効果」と呼び、そのメカニズムを理論化した。

「同じ原因はいつも同じ結果を生む」とか「似た原因は似た結果を生む」という思い込みに

対して、そうなるものもあるし、そうならないものもあることが知られる。そうならないものをカオスと呼ぶ。最初の条件で変わる気象予測はある面で、カオスであるとも言えよう。カオスはまったくランダムではなく、決まっている法則に従っても起こるのだ。

ローレンツは、ある方程式で時間をかけてたどり着く安定した状態の点、アトラクターについて研究し、そこが初期値によって変わってしまう方程式が多いことを発見した。それを一九六三年、気象学会の雑誌に、ローレンツのアトラクターとして報告した。

最初の初期値が変わると、さまざまな数式では、アトラクターが移動し、数値計算の繰り返しは、大きな誤差を生み、長期間の予測はできないことを証明した。いわば、大きなメカニズム論だけでは未来は予測不可能であり、周辺の領域とされていた「初期値」が、大きな意味を持つのだ。現場なしには未来は語れないのである。

ちなみに、チューリングも暗号を解読した戦争後は、数理生物学に興味を持つようになる。生物の形がなぜできるのかについて、チューリングは、モルフォゲン(形態形成因子)という分子と、その拡散と化学反応をもとに、さまざまな生物のパターンが作れることを明らかにした。チューリングは、モルフォゲンとして、アクチベーター(活性化因子)とインヒビター(抑制化因子)として働く分子を考えた。アクチベーターは自己触媒的に自己形成を促進するように働き、インヒビターはアクチベーターにより形成が促進されるが、作られるとアクチベーターの分解を促進し、量を減らす。

一つのフィードバックの系であり、「自己増殖する物質が、その物質を妨げる物質を生成する」ことにより、循環的に（つまり周期的に）、安定的な系を作り出すという考え方である。チューリングが卓越していたのは、この二つの物質の拡散のスピードが異なれば、そのフィードバックでさまざまなパターンが生まれることを証明したことである。受精卵から生物の形が、最初の条件で決まる、空間的に対称的でない安定的な形を、モルフォゲンの細かな性質により作りうるわけである。

同時に、より大きなタイムスケールでは、モルフォゲンの拡散によるフィードバックの系自体が限界を迎えると、脱皮を迫られる。脱皮はカタストロフではあるが、死滅ではないはずだが、脱皮がうまくいかなければ死滅してしまう。新しいフィードバックのシステムが必要になる。

4　重なり合うカタストロフ

「PCR検査制限論」の検証

カタストロフが破局的な自滅に陥るケースは、今回の新型コロナウィルスの感染でも観察できた。厚労省の技官たちの過ち、そして検査否定論の大阪がなぜカタストロフを繰り返したか、詳しく考えてみる。

前にも述べた通り、中国の武漢で、従来、公衆衛生学の劣等生と見られてきた中国の研究者が、遺伝子工学と情報科学を集めて一気にPCR検査の数十万件の大量実施などを始めた。それに対して、時代遅れとなってきた古典的公衆衛生学者の多い日本の厚生労働省の技官たちは、クルーズ船内の三〇〇〇人すら検査ができないという失態を演じた。

こうした失態を覆い隠すべく、厚労省の技官を中心に無症状の感染者に検査をやっても意味がない、という「PCR検査制限論」が流布された。さらに事態を悪化させたのは、感染症研究に何らの知識も経験も持たない政治家が、主流的なマスコミでこうした議論を繰り返したことである。たとえば、維新のオピニオンリーダー橋下徹氏がプレジデント誌(オンライン版)において「なぜ日本でＰＣＲ検査を拡大してはいけないか」という愚論を展開し、拡散された。

こうした暴論の論拠とされた、厚生省の技官の「ＰＣＲ検査制限論」の例として、国立病院機構仙台医療センター臨床研究部ウイルスセンター長の西村秀一医師の議論を見てみよう（二〇二〇年五月一二日付け東洋経済オンライン）。

〈質問者〉ＰＣＲ検査では偽陰性（感染しているのに検出されない）、偽陽性（感染していないのに検出されてしまう）の問題があって、わかることには限界があるとおっしゃっていますね。

〈西村〉検体採取の仕方がまずいと「ある」ものも「ない」ということになる。だからＰＣＲ検査をやって陰性だから安心だということにはならない。職場から「陰性の証明を持ってこいといわれた」という話があるが、そのときに陰性でも翌日に陽性になることもある。つまり、検査を受けた人にとって「陰性」という結果の使いみちはないんです。

ＰＣＲの感度が高すぎることによる弊害もあって、偽陽性の可能性もある。ＰＣＲ検査は検体内のウィルスの遺伝子を対象にしている。本来の感染管理では生きているウィルスの情報が必要だが、それを得ることができないためだ。そうすると、ウィルスの死骸にたまたま触れて鼻をさわったというようなときも陽性になりうる。本当に陽性であっても、生きているウィルスではなく人に感染させない不活性ウィルスかもしれない。

西村医師の論点を順次、見てみよう。

第一に、PCR検査自体に内在する偽陽性の原因があるのか。PCR検査は、核酸を増幅する検査である。二つの方向から二〇個程度の核酸の配列の組み合わせで増幅する。この配列に一致する確率は、四の二〇乗(一兆回)に一つであり、二つの組み合わせは、一兆回と一兆回の掛け合わせとなる。ヒトのゲノム配列や、人体内で常在菌によるノイズを避ければ、方法論の原理としては、偽陽性は起こりえない。これが遺伝子工学の専門家と機材を集中的に持つ北京ゲノム研究所や世界最大の検査試薬メーカー・ロシュが初期に行ったことである。従来の公衆衛生学者中心のアメリカの疾病対策センター(CDC)は独自のPCR検査方法を開発しようとしてPCR検査の設計で失敗している。MITテクノロジーレビューが、その失敗を詳細に報告し、時代の担い手が、公衆衛生学者や古い個人研究から、組織化された遺伝子工学や計測工学の専門家集団に取って代わっていたことを指摘している。日本だけの現象ではなかったのである。

ＰＣＲ検査法の開発とは、偽陽性の起こらない新型コロナウィルスに特有の配列を選ぶことであり、新型コロナウィルスでは武漢の最初から、北京ゲノム研究所（ＢＧＩ）やロシュがやっている。今のＰＣＲ検査では、われわれヒトや、ヒトに存在する微生物の配列はかなり除かれており、原理的には偽陽性は起こりえないか、起こる確率は非常に少ない。

それでは、原理的には頻度が非常に少なくても、検査技師や機械や検査室の管理体制が悪くて偽陽性、偽陰性になることがあるのか。それはもちろんある。増幅するときに、温度設定やサイクルの時間設定を誤ると、元になるウィルスのＲＮＡがなくてもノイズが増えてきて、偽陽性となってしまうことがある。

だが、これは、偽陽性をチェックするための陰性のコントロールを九六個か三八四個の検体を検査するプレートに一個置いておけばわかることである。逆に偽陰性も陽性のコントロールを一個置いておけばわかることである。情報伝達において、ノイズを検出するために、シャノンが置いた誤り訂正に関する理論予測から明白なことである。

そうすると、残る可能性は、検査室が汚れていて、増幅されたサンプルが部屋中を汚しているような場合だが、これも陰性コントロールが増幅されればすぐわかる。

西村医師の言っていることで残るのは、厚労省の保健所で、技師も機械も足りない、検査室が汚染される可能性があるということ、だけに見える。それならば、西村医師は、その世界水準から遅れた日本の厚生行政を批判し、時代遅れの自分の施設の人員や設備を充実させることが仕事であろう。

ちなみに、今の日本では、民間の大手検査メーカーでは日常診療で非常に多種類のPCR検査を機械化して精度管理をするのが当然である。臨床検査では、品質のチェックは最重要の項目であり、機械化により手作業のエラーを減らし、同時に偽陽性、偽陰性コントロールで定期的にチェックするのが当たり前である。品質管理が悪ければ、どんな検査でもおかしな結果になるのは自明であるが、今日の臨床検査では、品質管理は当たり前の要件である。

厚労省の施設がずっと、要するにコストカットしすぎて時代遅れの、品質管理の悪い施設になっているということを、厚労省の技官が言っているだけで、予算をつけるべきだということである。まるで第二次大戦で、情報を重視し、レーダーや暗号解読に予算をかけた米英と、軽視して自滅した日独の再現を見るようでもある。

次の論点は、PCR検査が陽性でも、ろくな治療法もないし、得るものは何もないという。だがこれもすり替えである。PCR検査は、ウィルスの量を半定量的に示すことができ、現実に、世田谷区などでは院内感染の経路の同定と対応にも用い、人口あたり死亡率を東京都平均より二五％低く抑えることに成功している。

そもそも、筆者らは、東京都の二万人をこえる定量的な抗体の時間を追っての測定から、ＰＣＲ検査の陽性者の三・九倍の既感染者がいると推定されることを報告している（Sanada T, et al. *J Epidemiol.* 2022）。まだまだ検査数が足りないというのが東京の実情なのだ。

ＰＣＲ検査は、鼻咽頭の粘膜に、新型コロナウィルスがいて、それが唾液やくしゃみで撒き散らされる可能性を検査するものである。新型コロナウィルスの感染者で、鼻咽頭粘膜から増殖したウィルスが陽性と判定ができるのは、初期の株から感染数日後から一〇日間程度に限られている。そんなことは専門家にとっては当たり前で、統計的には全体の一部であろうと、それぞれの現場においては、どこに感染者がいて、誰がウィルスを排出しているかの情報は感染拡大を抑えるには非常に有用な、必須な情報である。この検査は、特に、感染が入り込むと致命的になる高齢者や、基礎疾患を持つ人の多い高齢者施設や、病院で重要である。オミクロン株ではウィルスの出現期間はもっと短くなるから、陽性と診断できるのは、感染の中のもっと限られた期間だけである。それでも、新型コロナウィルスのＰＣＲ検査を制限する理由にならないのは自明である。

新型コロナウィルスが従来のＳＡＲＳやＭＥＲＳと違い無症状者でも感染することが当初の

武漢からわかっている以上、ウィルスの排出者がいるという情報が、とても重要なことは否定できない。

西村医師の言う、感度が良すぎるから問題というのも、とんでもないごまかし議論である。一般のPCR検査に限らず、臨床検査をやるときには、必ず陽性、陰性のコントロールを置き、カットオフ値を置き、増幅回数の上限を決め、増幅しすぎないことをチェックする。

専門家ならばカットオフの数値の置き方を提言し、具体的な数値の有効性を議論すべきである。科学的に総括の始まった今日では、PCR検査制限論が最大の失敗であったことが多数の専門家により確認されている(黒木登志夫『変異ウイルスとの闘い――コロナ治療薬とワクチン』中公新書、二〇二二年)。西村医師の議論はノイズの削減、データの判定など、当たり前の情報理論のイロハのイを無視した議論であった。

それではPCR検査を制限して、感染者の正確な把握を否定した結果、どのようなカタストロフが起こるであろうか。

大阪の死亡率が日本最悪となった理由

カタストロフ理論では、「破綻がどこで、どのような経緯で起こったか」の分析が重要にな

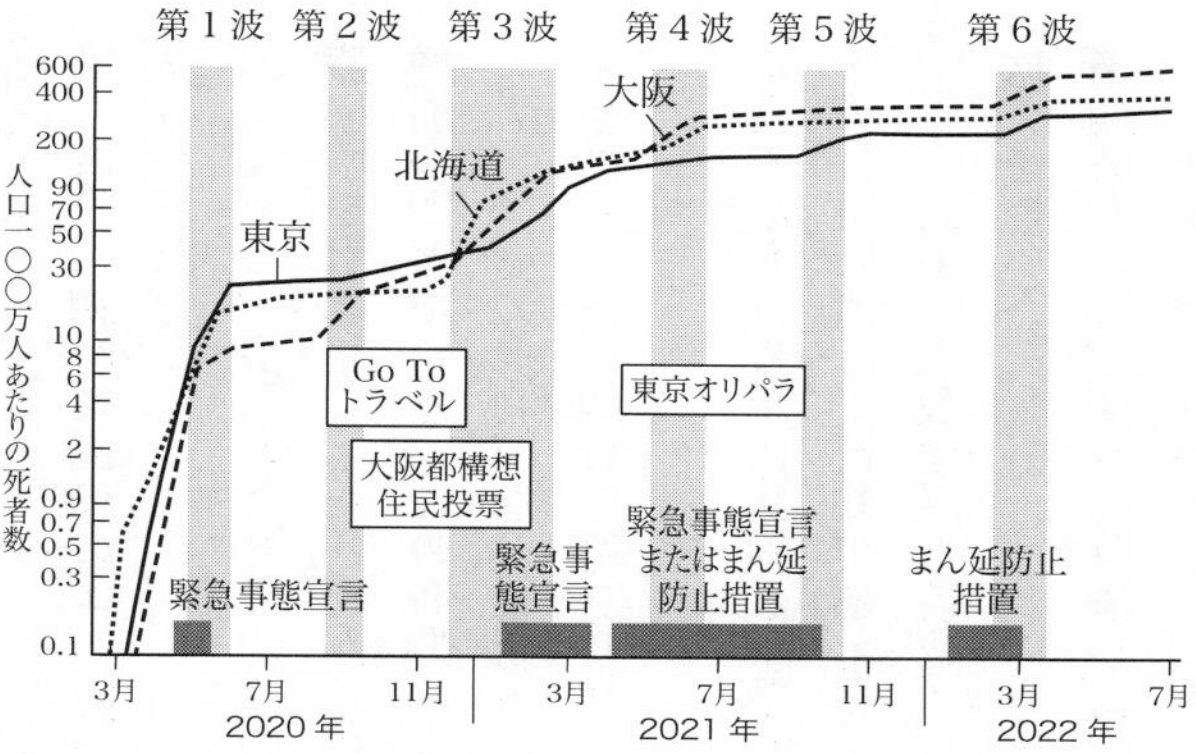

図 2–5　人口 100 万人あたり都道府県別の死亡者数の推移（令和 2 年 10 月国勢調査）

当初は，東京，ついで Go To トラベルで北海道が最多だったものが，大阪府が第 4 波から全国最多になり，その傾向が波をおうごとに酷くなっていく．札幌医科大学の都道府県別人口あたり死亡者数の集計をもとに作成．

る。日本の都道府県で、どのように感染の波が推移したかを図2–5にまとめてみよう。

日本の医療は、国民皆保険の成功例として、世界的な長寿国である。安定していた医療のカタストロフ（崩壊）が起こった指標として、感染者数よりも信頼度の高い、新型コロナウイルスによる人口あたりの死亡者数から見る。

ここで重要となるのは、コロナ感染は、外国（または東京・埼玉のような大都市歓楽街）のエピセンターから変異株が湧き出し、流れ込む「散逸系」と呼ばれるモデルであることだ。

第一波は、中国からでなく、三月の欧米の帰国者ラッシュがもたらしたとされる。ちょうど日本サッカー協会の田嶋幸三会長が欧米訪問で帰国後、感染が確認されたことに象徴されていた。

第二波は、初めて国内にエピセンターが形成され、日本に特異な配列が二種類、東京と埼玉で見つかった。

第三波では、Go Toトラベルでの観光地感染が旭川など北海道各地に予想されない急拡大と医療崩壊を引き起こした。だがその前に、第二波では図のカーブの傾きで見ると、大阪での感染増加が顕著である。この時期に大阪を特徴づけるのは、ＰＣＲ検査の制限論、ヒステリックなパチンコ屋の批判、など維新大阪府、維新大阪市幹部の科学的根拠のないポピュリズム対応である（二〇二〇年四月二四日付け日本経済新聞「大阪府、パチンコ六店公表　休業要請応じず　全国初」）。

それよりもはるかに深刻な影響を与えたのは、無症状者でも拡散するという新型コロナウィルスの性質に対して既知であるにもかかわらず、大阪維新の繰り広げた検査コスト否定論である。この結果、大阪は最も警戒すべき高齢者施設、病院への無症状者からの施設内、院内感染の拡大を招いた。

第四波からは、すべて外国から感染性の強い進化したウィルスが「輸入」されている。一気に陽性者を検査、診察できず、重症者が入院できず、国民皆保険という基本構造が破綻して医療崩壊というカタストロフが顕在化し、大阪府は全国死亡率トップに踊り出た。

実は政党としての大阪維新の会は、大阪では、「身を切る改革」の名の下に、国民皆保険の基礎となる公的医療機関の削減を進めていた。保健所の削減も同様である。オピニオンリーダーのPCR検査否定論にひきずられて失敗しつつある中、東京都世田谷区の社会的検査の拡大に、異常な敵意を持って批判を繰り広げた。当時、大阪では、「身を切る改革」の名の下に、過去に失敗した大阪都構想の住民投票を繰り広げることに夢中になっており、コストカット論に走らざるをえなかったのである。それが医療崩壊と高齢者施設での多数のクラスターを発生させた。政治的動機による行政の引き回しが、医療崩壊と住民の死を招いた愚行として長く記憶されるであろう(「大阪都構想再否決　二四区中一四区で反対票上回る　南部大票田で支持広がらず」二〇二〇年一一月二日付け毎日新聞)。

世田谷区の社会的検査が報道機関などで有効性が評価され始めると言説を一変させ、検査無料を言い出す。だが、一度、カタストロフに入り出すと、社会保障費の削減で国民皆保険の基盤の掘り崩されてきた大阪では医療崩壊は止まらない。大阪大学の忽那賢志教授は、第四波から第六波まで一貫して、大阪は高齢者施設への変異株の流入を防げず、クラスターを多発させ、それが医療崩壊と死亡者急増を招いたことを指摘している。

大阪府の隣の和歌山県では、早期から、検査重視の方向を県がつらぬいた。一人の陽性者の周りで一〇〇人の検査とまで言われた徹底的な検査で、感染拡大を防ぎ、第五波まで、陽性者全員入院で自治体、保健所、医療機関が一体となった取り組みを進めた。その結果、二〇二二年八月でも人口あたりの死亡者数は、全国平均の七割であり、全国平均の倍以上の大阪とは三倍の死亡率の違いが生まれている。

ワクチンを潜り抜けるオミクロン株

現代カタストロフ論からもう一つの重要な知見が得られる。パンデミックの広がりで、選択のメカニズムが変わり、人間社会での集団的な免疫を回避するメカニズムを持ったウィルスが選択され、生き残っていくという法則である。後述する経済でも似た周期が発生する。景気循環において景気拡大の制約条件を免れるように変化していき、制約を突き破った時に新たな循環(周期)が始まっていく。

初期のアイゲンの限界の中での、武漢型から欧米(ミラノ)型への進化、東京・埼玉型などの感染地でのアイゲンの限界以内での変化は、感染性、増殖性を増したウィルス株が選択されていった。だが、当初の対応を誤り、欧米株が広がる中で、アメリカやイギリスの政権はワクチン一辺倒の政策に集中していく。

特に、アメリカのモデルナと、ドイツのビオンテックというRNAを用いたワクチンの知的所有権を持ち、その開発をしていたベンチャー企業のあった欧州とアメリカでは、そこに活路を見出した。ワクチンは二〇二〇年のうちに一挙に実用化された。

RNAワクチンは、ゲノム解読から得られてきた情報をそのまま医薬品にできることで、迅速に製造できる。ところが、膨大な数の人が感染すると、ワクチン抵抗性の株が選択されていく。ワクチンで作られる抗体や、回復期血清や、抗体医薬品での治療へ耐性を持ったウィルスが選択されてくる。

二〇二一年になって、日本では、ワクチン供給量が確保できずに間に合わず、東京五輪再延期ないし中止論が広がる中、ワクチン接種が東京五輪を意識して急速に進められた。いやむしろ、安倍首相退陣後の菅政権は、ワクチン一本足打法で、東京五輪に外国人観光客を迎え入れるインバウンド政策の成功に賭けた。

だが、世界でのウィルスは進化し続け、ワクチンで先行した欧米での感染は、二〇二一年初頭から、免疫回避で選択されたアルファ株などのアイゲンの限界を超えた変異株に移っていく
(児玉龍彦「「エラー・カタストロフの限界」を超えるコロナ・ウィルス変異への対応」東京大学アイソ

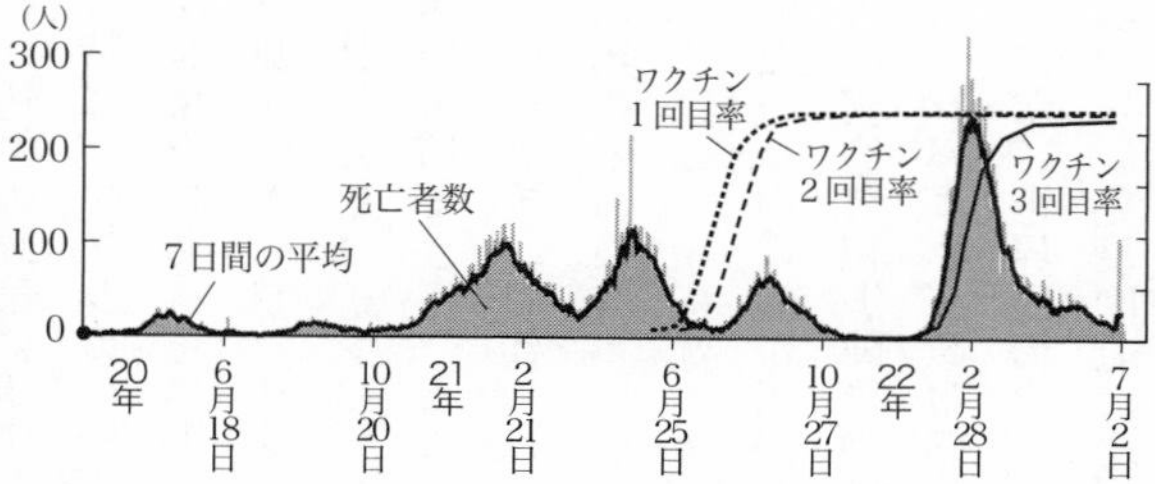

図 2-6　ワクチン接種の死亡数に与える影響
ワクチンの最初の2回の接種率と，3回目の接種率の推移と，新型コロナウィルスの死亡者数の推移を比較した．

トープ総合センターHP、二〇二一年八月二四日掲載）。

菅政権は東京五輪の一年延期での開催強行に固執し、感染の波の間に、入国制限を緩和し、東京五輪でのインバウンド増加を狙い続ける。春のアルファ株の急速な崩壊の後、オリンピック代表選手の入国が始まると、あいついでデルタ株の流入が報告される。インドで急激な感染増加と急速な減少を示したデルタ株は、東京でも急激な感染増加をもたらし、七月二三日から八月八日までの東京五輪終了時には日ごとの感染者は四〇〇〇人を超えるようになり、東京にも医療危機が迫った。ところが、その後は、デルタ株の急激な減少が見られた。変異ウィルスが死者の急増を招き、そして急速に感染が後退していったため、五〇年も前のアイゲンのエラー・カタストロフ理論が初めて再評価され始めた。

初期値の差によるバタフライ効果の以前に、ＰＣＲ検査制限のため初期値すら取れない後進国になっていたのだ。結局、五輪強行の菅政権は自壊し、岸田政権に移行する。

そしてアフリカ南部で最初に発見されたワクチンによる免疫を回避する能力が最も高いオミクロン株がやってくる。カタストロフを繰り返すうちに、選択されるメカニズムが変わってくる。もともと、コウモリやハクビシン、ラクダを宿主に増えていたコロナウィルスが、新型コロナウィルスとなると、ヒトに感染する数が圧倒的に増え、数億人に達する。人体内での変異の数が劇的に増え、本来は生まれにくいアイゲンの限界を超えた変異を持つ株が、生き残るようになる。特に、世界でワクチンの接種が広まると、それをすり抜ける変異株が広がるようになる。

デルタ株は二回のワクチン接種の普及の後、感染の波は低下する。しかし世界では、エイズが広範に広まっているアフリカ南部で発生した、アルファ株やデルタ株よりさらに変異の多いオミクロン株に対して警戒感が高まっていた。武漢型のワクチンの作り出す抗体の効果はデルタ株では一〇分の一に下がり、オミクロン株ではデルタ株の一〇分の一、つまり一〇〇分の一になってしまう。次のオミクロン株への準備には三回目のワクチン接種が急がれるべきと指摘された。だが、なぜか医療費抑制策で凝り固まった厚生労働省の技官は科学的根拠を一切示さずに、三回目のワクチン接種について八カ月待つことを自治体に強要したのである。

オミクロン株はワクチンの免疫を回避しやすいが、死亡率はこれまでの武漢型からデルタ株までの一～二％と比べて大幅に低下した。まだインフルエンザよりは高いが、重症化率は低下し特に三回接種が先行した医療従事者は重症化する可能性が大きく低下し、コロナ診療に関われる一般医療従事者が増えた。強い感染性で患者数が急増する中で、特殊なコロナ対応医療機関よりは、国民皆保険を基礎とした一般の医療機関で、検査と治療が必要になっていった。

ところが、岸田政権はこうした対応を取れず、オミクロン株BA・1の流行で二〇二二年初めから半年で死者数は一万七〇〇〇人(二〇二二年八月一六日段階)を超え、第六波は、変異株の波の中で最大の死者を生み出した。さらに、オミクロン株BA・5の流行で二二年夏に第七波が起きて、死者は累計二万七〇〇〇人を超え、戦後最大の人災となった。

新型コロナウィルスは、武漢型からの累計で感染者数は世界で六億三六〇〇万人を超える。筆者らの東京の二万人の抗体検査では、PCR陽性者の三・九倍の感染者が存在すると推定されるところから、集団免疫に近い状態の地域も世界で増えている。アイゲンは「周期のカタストロフ」という言い方で、周期性を生み出すメカニズムも変化していくことを予言していた。

数学者のルネ・トムのカタストロフ論は、「安定的な構造」が崩れるカタストロフの理論化により、カタストロフの法則性を見出そうとした。そして「背後にある」高次のメカニズムからカタストロフが生成することを明らかにした。だが、トムの理論は主に次元を減らして投射された図形で、連続性が失われ、カタストロフの生まれる仕組みを解き明かしたという限界があった。次元を増やして、演算量を増やし、背後のメカニズムを同定したうえで、次の「安定的な構造」を予測することは不可能であり、まだ実用性がないとされた。

そこに計測科学者のアイゲンと、チューリングの貢献は、複数の因子が、活性化と、抑制化の機能を持つときに、「安定的な構造」を作りうることを理論化し、計算可能性を示したことにある。

計測科学者でもあったアイゲンのカタストロフ論の貢献は、複数の因子の相互作用によりカタストロフの作られ方が大きく変わっていき、次々と変異の波が生まれ、壊れていくことを理論化し、初歩のコンピュータ・シミュレーションで変異の波の生成を示したことにある。

すでに、コンピュータの演算能力を駆使したノイマンにより気象予測での数値計算の繰り返しによるシミュレーションに基づいて、天気予報の有用性が示され始めた。一方、シミュレーションが行われるようになると、ローレンツにより、初期条件の違いによりカオスを生み出す条件が示され、長期予測の限界が示されるに至った。

さらに現代カタストロフの理論からは、ワクチンに耐性のウィルスが選択されるメカニズムが次の危険として認識される。オミクロン株は一見似ているが、それぞれが幹からでてきてBA・1より感染性が強く、重症化率もやや高いBA・5が登場するなど異なる性質を持つ。

こうしてみると、今回、いくつかのコロナ感染に関するシミュレーションが行われ、メディアでも報道されたが、新型コロナウィルスの波に関して、繰り返しながら変わっていく変異株の性質と、カタストロフを組みこまなかったシミュレーションが当たらなかったのは明らかである。いかにコンピュータの能力を振り回しても、ウィルスのダイナミックな遺伝的変化を理解せず、周期的変動が予測に与える影響を考慮することすらできていなかった。ウィルスの変異を考慮せず、公衆衛生学的な行動抑制だけをモデル化し、初期の精密な検査の重要性すら否定する厚生省の技官の下では、情報科学の革命のもたらした予測を生かすことなどは不可能なのである。古典的カタストロフ論すら理解できていない人たちが「専門家委員会」を占める日本の政府の破局的状況だけが露呈されることになったのである。

グローバル化による複数のエピセンターの出現

外部からエネルギーが流れ込んで、お鍋の中で対流の渦ができるような動的な平衡状態を持つシステムをロシア出身のベルギーの科学者イリヤ・プリゴジンが「散逸系 dissipative system (structure)」として提唱し、一九七七年ノーベル賞を受けた。現代のカタストロフ理論は、ポテンシャルの高いところから低いところへの流れの中での「安定的な構造」がカタストロフを迎え、次の「安定的な構造」へ動いていくという生物現象や経済現象の解明に向かっている。

　コロナのパンデミックにおいて、最初のアイゲンの限界内での進化が、世界の各国へ広がる中で免疫不全の個人の中でアルファ株からデルタ株の登場と、エピセンター（震源地）が移動することが問われ始めた。そしてワクチン接種の広がる中でのオミクロン株の登場は、もう一度、震源地がどこかを問い直している。

　コロナウィルスはアイゲンの限界の中では、一年に二〇カ所程度の変異を生み出しつつ、恒常的な震源地としては東アジアから東南アジアのコウモリの集団が知られている。コールドスプリングハーバー研究所のレビューによるコロナウィルスの系統樹で見ると、二〇〇二年のSARSから二〇一九年の新型コロナウィルスまでには、大きな飛躍があり、いずれもコウモリの類縁の変異株が見られ、コウモリの中で繰り返しながら変異してきた可能性が高い。

　しかし、今回の新型コロナウィルスでは世界で膨大な数の人が感染し、しかも細胞数の多い人体内でさらに膨大な数のウィルスが産生された。その中で、ウィルスの変異の周期性を限定していたのは、免疫学的なクリアランスによる感染期間の短さであったといえよう。ウィルスは一〇日程度で消失することが多く、変異のサイクル数はそこが壁となっていた。だが、アルファ株から認められだした免疫不全の人体内での長期の感染は、まったく新たな周期性を生み出す原因となっている。

今までのウィルスの検出は、先進国中心の限られた地域の情報が多く、まだカバーされていない多くの地域がある。

たとえば、非常に多数の変異を持つオミクロン株と、そのさらに亜株のＢＡ・４とＢＡ・５のいずれもが南アフリカで検出されている。最も懸念されているのは、アフリカ南部がＨＩＶ（エイズ）ウィルスの感染率の最も高いコミュニティーを形成していることである。次頁の図２-７は、The Institute for Health Metrics and Evaluation（ＩＨＭＥ）のデータによる一五歳から四九歳の人口にしめるＨＩＶ１ウィルスの陽性者の割合である。これで見てもアフリカ南部の諸国が一〇％を超える人がＨＩＶ１ウィルスに感染していることがわかる。

以前はコウモリのいる東アジアがエピセンター（震源地）だったコロナウィルスがアフリカ南部に人間起源のエピセンターを形成し、今のしつこい感染が二つかそれ以上のエピセンターを持つ感染になっていると思われる。

新型コロナウィルスへの国際的対応の中心であるＷＨＯに対して、二〇二〇年の五月には当

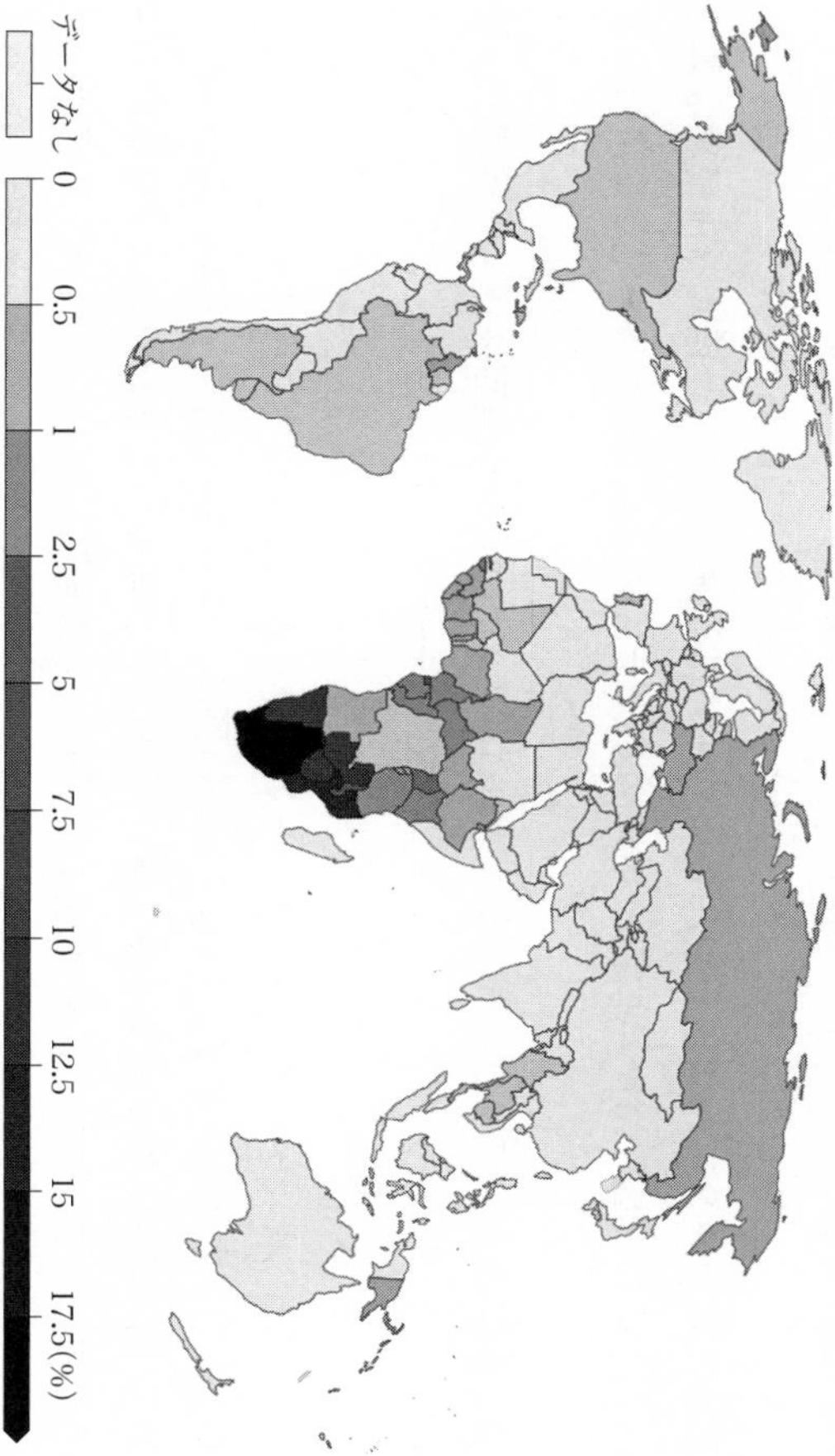

The Institute for Health Metrics and Evaluation (IHME) のデータによる 15 歳から 49 歳の人口にしめる HIV1 ウィルスの陽性者の割合.

図 2-7　人口あたりの HIV1 ウィルス陽性者の割合(2019 年)

時のアメリカのトランプ大統領は、米国内での感染拡大への批判に対して、WHOは中国寄りだ、と脱退を表明しその手続きを開始した。ネット上のSNSで「チャイナ・ウィルス」を連発し、その評判に味をしめたのだ。

大統領選挙の直前の二〇二〇年の国連総会でトランプ大統領は、「世界にこの疫病を広めた国の責任を問わなくてはならない。中国のことだ」と述べ中国批判を繰り広げた。一方、国連のグテーレス事務総長は、「私たちは非常に危険な方向に進んでいる」と警告。「二大経済大国が世界を分断させ、それぞれが別々の貿易や金融のルール、インターネット、人工知能の技術をもつ未来を、私たちは受け入れられない」とし、新型コロナウィルスをめぐっては、利己的な行動は認められないと表明した。「大衆主義(ポピュリズム)と国家主義(ナショナリズム)は失敗した」、「新型ウィルス抑制にそうしたアプローチを取るとたいてい、事態は明らかに悪化した」と述べた。

トランプ大統領のプロパガンダは、ネット上のSNSを通じてもっと過激に行われ、大統領選挙後の議会襲撃まで発展していく。世界でもデジタル化が、それまでのテレビを中心とした一見、「安定的なマスコミの構造」を不安定化させ、デジタル化はコミュニケーションのカタストロフを生み出している。フィードバックを失い、エモーション(感情)の影響が大きな要因になるデジタル化によるカタストロフ自体がさらに不安定化を増す可能性を示している。

オミクロン株の感染拡大の下では、情報技術の革命的な変化は、単純に感染症の制圧に向かうのでなく、むしろそれぞれの社会の不安定性を生み出す。そして、世界の感染症の周期性と、その震源地への対応すら変えてしまう。そうした時代を迎えているのだ。世界での連携のないままにオミクロン株はアフリカ南部で、ＢＡ・１、ＢＡ・２から、ＢＡ・４、ＢＡ・５と次々と進化し、科学的対応の欠如したまま日本では、ＢＡ・１で第六波、ＢＡ・５で第七波を迎えてしまう。世界から変異株が流れ込んでくる「散逸系」の中でのカタストロフの繰り返しという事態には、その震源地を突き止め、そこでのウィルス進化を止める世界での連携が鍵なのだ。

5　経済を周期で見る景気循環論

シュンペーターの予言

新型コロナウィルスが波を描いたように、経済現象も繰り返し波を描く周期性を持っている。人びとの目に見える一〇年周期の景気循環はその典型である。

景気循環論を重視した経済学者ヨーゼフ・シュンペーターは、景気循環である種のカタストロフ〈不況〉に陥る時、イノベーションという産業技術の変異が引き起こされ、それが次の「安定的な構造」〈シュンペーターにとって新たな「均衡」〉をもたらすとした〈『経済発展の理論』〈上下、岩波文庫、一九七七年：ドイツ語版一九一一年〉の段階では「新結合」という概念だったが、『景気循環論』〈全五巻、有斐閣、一九六四年：ドイツ語版一九三九年〉ではそれが「イノベーション」という概念に結びつけられた〉。

経済も同じような循環に見えながら、実は成長の制約になる壁を乗り越えるように変化〈変異〉しながら循環する。そして、ある技術ないし耐久消費財が普及して一色になって食い尽くすと、小さなカタストロフが起きて、つぎの循環が始まるのである。

さらに、シュンペーターは後期の著作になって、長期停滞を問題にし、複数の周期のうち、とくに五〇年周期の産業構造の転換を描くコンドラチェフ循環を次第に重視し、複数の周期の重なり合いにより破局的なカタストロフが引き起こされること〈資本主義の停滞論〉を強調するようになった〈とくに『資本主義・社会主義・民主主義』東洋経済新報社、一九九五年：ドイツ語版一九四二年〉。

現状も、新型コロナウィルスやロシアのウクライナ侵略あるいは米中デカップリングといった五〇年周期のカタストロフに入っている。第一章でも述べたように、このカタストロフは、

EV（電気自動車）を含むエネルギーと情報通信、バイオ医薬といった産業構造と科学技術という経済の基礎的メカニズムの根本的な転換点を顕現させている。その中で、リーマン・ショック後を牽引した中国の不動産バブルの崩壊や先進諸国のスタグフレーション化という別のいくつかの周期（景気循環）が、この産業構造の大転換を示す最も大きな周期性に引き込まれていくのである。順を追って見てみよう。

ジュグラー循環

経済には四つの循環（周期）があることが知られている。一番短いのは四〇カ月程度の在庫循環で、米国の経済学者ジョセフ・キチンが提唱したことでキチン循環と言われている。つぎは一〇年程度の通常の景気循環で、機械など設備投資が通常一〇年の寿命であることを根拠に、フランスの経済学者ジョセフ・クレメント・ジュグラーが提唱した。そのつぎは二〇年の賃貸住宅を軸にみた建築循環で、A・H・ハンセンやS・クズネッツらによって提唱された。そして最後は、前述したロシアの経済学者のニコライ・コンドラチェフが提唱した五〇年周期のコンドラチェフの波である。

通常、景気循環といわれるものは「ジュグラー循環」を指しているが、その根拠は、前述し

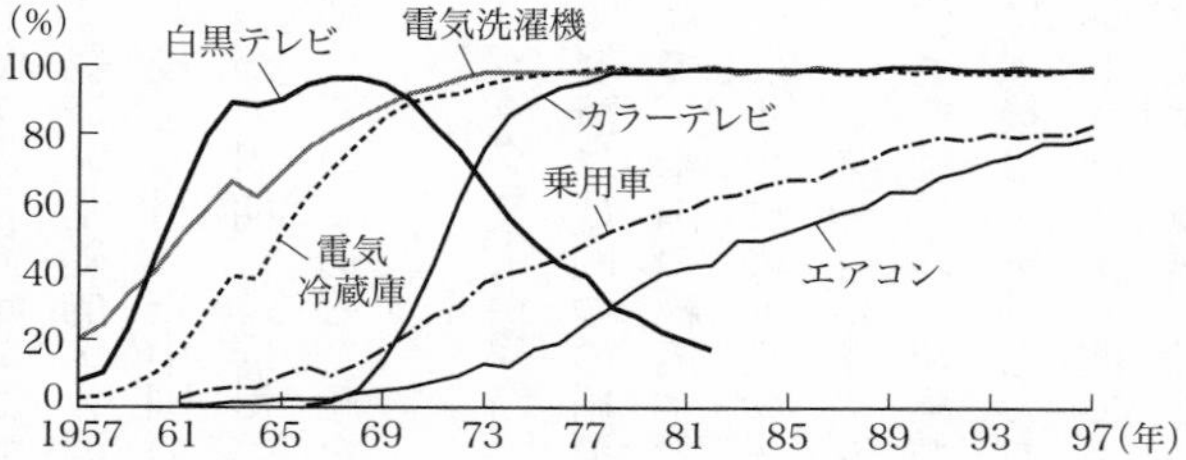

出所：内閣府「消費動向調査」(2004年)より作成

図2-8　耐久消費財の普及率(1957〜97年)

たように、機械や設備投資の減価償却がほぼ一〇年であることとされてきた。技術の普及という点から、戦後に爆発的に普及した耐久消費財の普及率を追跡してみると、図2-8、図2-9が示すように、白黒テレビ、電気冷蔵庫、電気洗濯機、カラーテレビ、薄型テレビなどは一〇年で普及する。図にはないが、ビデオやスマートフォンもほぼ一〇年である。他方、より住宅に付随する耐久消費財を見ると、乗用車、エアコン、システムキッチンなどは、やや普及のタイムスパンが長く、しいて言えば、二〇年の建築循環に近いかもしれない。ちなみに図にはないが電子レンジなども二〇年程度で普及した。

問題は、経済学では景気循環の理論化が試みられているが、必ずしも成功しているとはいえないことである。新古典派経済学の一般均衡論モデルでは、独立した個人が合理的な期待を形成すると考えると、絶えず短い時間で市場均衡が成り立

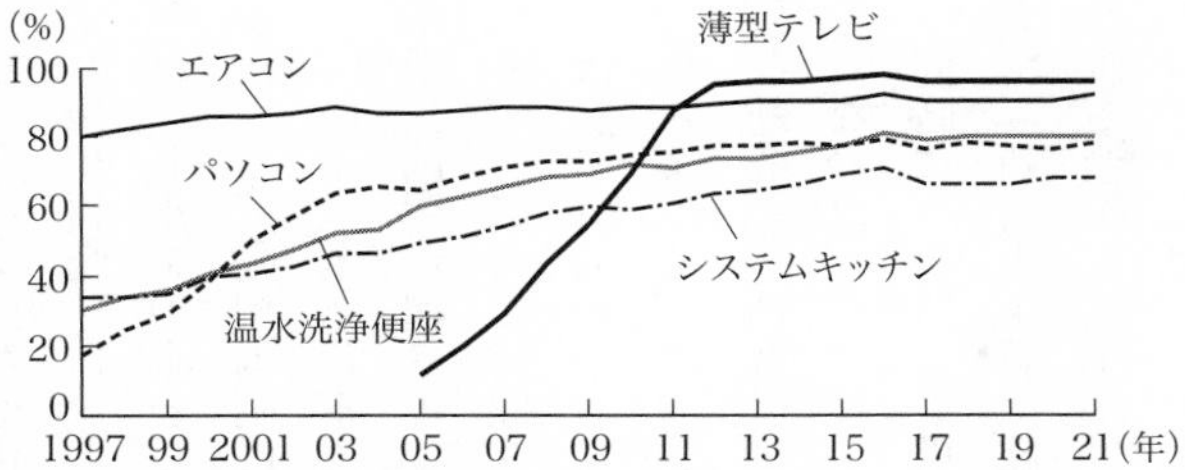

出所：内閣府「消費動向調査」(2021年)より作成

図2-9　耐久消費財の普及率(1997〜2021年)

つことになるので、経済活動が周期を描くことを説明できない。つまり景気循環論を考える時に、一般均衡論のモデルを前提とすると、景気が循環する原因は内部に求められるのではなく、モデルの外部(外生的要因)に求めないといけなくなる。実際、マクロ経済学のテキストに載っている「新しい古典派のリアル・ビジネス・サイクル」があるが、先に見た技術的進歩はあくまでも外生的なショックとして扱われる。これは、ロバート・ルーカスやトーマス・サージェントが主張した「合理的期待形成」の考え方がもとになっており、人々にとって、市場の諸条件に関してあらゆる情報は既知であって、裁量的な財政金融政策も無効だと主張してきた。その裏返しとして、経済が周期的に変動する景気循環は、実体経済に影響を与える技術進歩や財政政策などモデルの外から与えられるのである。

ところが、一九七一年のニクソンの新経済政策によって、ドルと金の交換が停止されると、最終的に「金属貨幣」のしっぽが断ち切られ、文字通りドルは「信用貨幣」になった。実物経済における物価のアンカーとなってきた金との関係が切り離され、ドルを中心とした固定相場制が廃止され、貨幣同士が為替市場での交換に基づいて価値が決まる変動相場制に変わった。さらに金融自由化が進み、金融デリバティブ商品の量が膨脹していく。金融資本主義の下で、しだいに株や不動産やさまざまな金融商品の価格変動に伴って景気循環が起きるようになった。

まず、二つの石油ショックの後に、国際比較優位と自由貿易の論理の限界が露呈した。プラザ合意で政治的にドル切り下げが行われ、アメリカは通商代表部を前面に日米半導体協定に見られるように、政治的な貿易交渉によって産業競争力を左右するようになった。その背後では、国防総省高等研究計画局による技術開発支援で、コンピュータや半導体の産業育成に努めるようになった。

同時に、IMF・世界銀行とアメリカ財務省とウォール街のワシントンコンセンサスに基づいて「新自由主義」政策が他国に強制され、為替規制の撤廃や金融デリバティブ商品開発が行われる金融自由化が世界中で進められるようになった。金属貨幣が実物経済との関係で重石《おもし》となっていたが、そのアンカーが完全にとれて中央銀行が「自由」に発行できる「信用貨幣」だけになると、つねにバブルを引き起こす必要条件が満たされるようになった。

一九八〇年代のスタグフレーションの下で、世界中で実体経済への投資先が細くなる中で「過剰流動性」を背景にして、借入金に依存しつつ不動産価格や株価が高騰した。不動産価格や株価の上昇が消費を増加させる資産効果でバブル景気が過熱していく。景気循環はやがてバブルとバブル崩壊を繰り返す「バブル循環」になっていった。リアル・ビジネス・サイクル論は、貨幣の増減は物価水準だけに影響を与え、生産活動や雇用の増減には影響を与えないとする「貨幣の中立性」を前提にしていたので、しだいに説得力を失っていった。

バブル経済は、経済学的には資産価格の経済合理的な基準から外れて上昇したことから判断される。「経済合理的」な資産価格は、当初の資産取得価格と予想される収益を、借入期間中における利子率を使って資本還元して求められる。ところが、長期の借入れをする際には、あらかじめ利益率や利子率を確実に見通すことはできない。「バブル」とはファンダメンタルズを上回る資産価格を指すが、事前的にそれがバブルであるかないかについて「合理的」判断ができるわけではない。実際、一〜三〇年にわたる利子率の動向を事前に予知することなど不可能なので、結局、「期待」という概念を市場均衡モデルに持ち込むことになる。

だが、「期待」は予見不可能な不確実性を含むとともに、「合理的経済人」とは異なる人間行動を含意する。とくにバブル循環をもたらすのは、独立した個人の合理的判断というより、他者の判断に依存する行動による。「美人コンテスト」では、自分が美人と考えるかではなく、他の多くの人が美人と考える人に投票するというケインズの「美人投票」論も、その典型である。より具体的に言うと、「土地や株が上がる」と人々が予想するから上がり、多くの人が買うからバブルが起きる。それは独立した個人の合理的判断を前提とせず、他者の判断基準に依存しているが、極端にいうと、バブルの熱狂は「群集心理」に近いということになる。ピグーの産業変動論でも、経営者が楽観論の行き過ぎと悲観論の行き過ぎを繰り返すことが景気循環をもたらすと想定しているが、それも周囲の他の経営者の「期待」に影響されている。経済合理的な経済人を前提にするモデルに、こうした他者依存の意志決定を意味する人間を組み入れないと、バブルを説明できないが、それではモデルは経済合理性に基づく論理の一貫性を失ってしまうのである。

バブル循環——ミンスキー・サイクル

これに対して、論理内在的にバブル経済を描写するのに比較的成功しているのはハイマン・ミンスキーの金融不安定化仮説であろう（『金融不安定性の経済学』多賀出版、一九八九年：英語版一九八六年)。ミンスキーによれば、金融中心にブームが発生して、それが行き過ぎて食い潰しに入って、バブルが崩壊して不況に陥っていくというようにしてサイクル(周期)を描く。所得(収入)に占める借金返済の割合を見ると、次第にその割合が高まって、金融バブルが崩壊していくのである。

まず、最初は収入の範囲内で元利償還ができる「ヘッジ金融」段階に始まり、つぎに収入の範囲内で元本は減らないけれども利子支払いだけは可能になる「投機的金融」段階になり、最後は収入の範囲内では元利償還に間に合わず、借入で返済を賄う「ポンツィ金融」段階になっていき、バブルは崩壊し、危機を迎える。不況期に入ってから次第に新たな金融革新つまり金融手法の変異が生じる。そのたびに、長短金利差を媒介する新たな金融商品や金融手法が生まれ、短期借りの長期貸しで儲けることができるようになる。そして、また新たなサイクル(循環)を描くのである。

現実に考えてみると、一九八〇年はポートフォリオ・インシュランスが、一九九〇年代は商業銀行の貸付から証券化への移行が、さらに二〇〇〇年代はそこに金融工学的手法が持ち込まれ、リスクを回避できるという思い込みが形成されて、バブルを繰り返すミンスキー・サイクルがもたらされた。

たしかに非合理的な「期待」という意味では、バブルにストーリー性が伴うと、バブルの規模が巨大化しバブル参加者は利益を膨脹させることができる。一九八〇年代の日本なら土地の値段は下がったことがないという「土地神話」。IT(情報通信技術)の発展が新しい経済を生むという「ニューエコノミー」論。金融工学的手法の発展で、サブプライムローンが破綻しても証券化手法で吸収できるという主張。それがミンスキーのいう「ポンツィ金融」というねずみ講のような食い潰しの段階に入らせていくのである。こうした食い潰しには「神話」の創造以外に、さらなる石油価格や食料価格の上昇を引き起こすために戦争を仕掛けたりすることも含まれる。いったん食い潰しが始まると、フィードバックが壊れて、持続可能性が失われ、バブルが崩壊し、自壊するプロセスに入るのである。

だが、なぜ一〇年サイクルを繰り返すのかが依然として不明になる。先に述べたように、機械の減価償却や耐久消費財の普及率がほぼ一〇年周期であるという実物経済のしっぽが残っているのか、あるいは商業用不動産で固定金利一〇年ローンの借入債券(CMBS、商業用不動産ローン担保証券)、あるいは住宅ローン債権の金利スワップなどのヘッジング二次市場(金融派生商品市場)でも三～一〇年程度が通常であることが背景にある可能性はあるが、実証することは難しい。

6　従来の景気循環論の問題点

なぜ景気循環論はうまくいかないのか

いずれにせよ、一〇年周期の景気循環を経済学の普遍的モデルによって定式化することは難しい。その原因は三点あげることができる。その際、先に述べたアイゲンのカタストロフ論が非常に示唆的である。

第一に、同じ周期を繰り返すように見えて、変化（変異）しながら周期を繰り返す。問題が発生すると、その問題を乗り越え克服する形で進化が発生するので、同じ政策では対応できない面が出てくる。そして、また進化した「安定的」な循環によって新たな周期が起きる。ニュートン力学的な世界と異なって、非常に動的な変化（変異）のプロセスをはらんでいるのである。

アイゲンは『自然と遊戯《ゲーム》』で「ゲーム理論」を用いている。だが、その結論は、通常の経済学で使われる、せいぜい協力と非協力の人間の二類型を入れただけでナッシュ均衡に達する静態的モデルとは異なる。ゲーム理論の根本的弱点は、導かれる契約の初期条件次第で、導かれる結論を決めることができるかのように誤解されるところにある。バタフライ効果と同種の問題である。それは、アイゲンの複数の変異の相互作用(フィードバックとも言える)を組み込んだ「変化しながら周期を繰り返す」モデルとは決定的に違った結論を導くことになる。

もちろん、サイクル(循環)が破綻を迎える際、人びとが直面する予見可能な「リスク」と予見不可能な「不確実性」を区別しておかないといけない。あるいは五〇年周期で起きるような非線形的な変化、あるいは最初のバブルや巨大なバブルのような事態に対しては、人びとは予見不可能な「不確実性」に直面する。しかし、景気循環で不況局面やバブル崩壊が何度か発生すると、予見可能な「リスク」となり、深刻な被害を避けるように政策当局が動き、同じ周期を繰り返すように見えながら、破綻が起きないように変質していくのである。もちろん、それが後述するように一層大きなカタストロフを引き起こすケースも起こりうる。

第二に、ある種類の周期は繰り返しながら、同時に、いくつもの異なる周期が重なり合う時が生じる。とくに、一〇年周期の通常の景気循環が、五〇年周期のコンドラチェフの波と重なり合う(あたかも五〇年周期の大変動に一〇年周期の景気循環が飲み込まれていくように動く)結果、大変動のカタストロフをもたらす。それは一見自滅に見えたりするが、局所で起きるひとつの変曲点なのである。つまり局所的な「破綻」が波及して大きな制度やルールの変更を引き起こし、それが次の「安定的な構造」をもたらすのである。それが資本主義の断絶的な非線形的変化をもたらす。

第一章に見たように、一九一八〜二〇年の第一次世界大戦やロシア革命などを契機に、電信電話、ラジオや大衆紙が普及し、モータリゼーションや重化学工業の時代が始まる一方、政治体制が「社会主義」の側圧を受けて普通選挙権や生存権が誕生したりする。一九七〇年代のニクソン・ショックや石油ショックで、重化学工業の時代が終わり出し、金とドルの交換が停止されて固定相場制から変動相場制に移行して、アメリカは金融自由化と情報通信産業へ向かい出す。ヒトゲノムが解読されると、バイオ医薬産業の巨大投資で製薬業界では巨大なM＆Aを繰り返すようになった。そしてバブルとバブル崩壊を繰り返すように景気循環が変質し、取り返しのつかないほどの格差の拡大をもたらしている。そこに、二〇二〇年以降の新たな五〇年周期を迎えている。こうした考察を抜きに、現状の世界経済の大変動について歴史的見通しを与えることはできないのである。

第三に、こうした周期の過程で生み出されるカタストロフの中には、周期性自体の自壊を引き起こすケースがある。とくに、あらゆる潮流を含む従来の経済学の根本的弱点は、バブル崩壊に伴う不良債権処理について明確な解答を持っていないことにある。ミクロ経済学にしたがって、失敗した銀行を市場で淘汰する方策をとれば、かえって銀行信用の危機が伝染のように広がって金融危機を深めてしまう。他方、マクロ経済学にしたがって、経営責任を問わずに、不良債権の厳格な査定をして国有化ないし公的資金を注入する政策をとらずに、財政金融政策を膨らませることになる。その結果、今日の日本経済に見られるように、ずるずると経済衰退を引き起こしてしまう。

日本の戦後無責任体制が後者の失敗の連鎖を生み出した。一九九七年一一月の金融危機以降、実質賃金はずっと低下し続け、生産人口も減少し続け、雇用の非正規化が進んでいった。その後、いくら金融緩和を繰り返しても、自力でバブル循環を作り出す能力を失い、長期衰退のプロセスでは、二〇〇〇年のＩＴバブル崩壊、二〇〇八年のリーマン・ショック、二〇二〇年のコロナ禍や二〇二二年のウクライナ侵略など、国際的なバブル循環の影響を大きく受けるようになってきた。アベノミクスで膨大な金融緩和をやっても、円安で日本を安売りさせて、大都市圏のマンションの価格高騰など局地的バブルが起きるだけになって、経済衰退がかえって進んでいくのである。

循環しながら変化(変異)する

前述したように、従来の景気循環論が絶えず失敗してきたのは、同じ周期を繰り返すように見えて、変化（変異）しながら周期を繰り返してきたからである。実際、周期を繰り返しながら、景気循環をもたらす経路や要因は変化する。同じ周期を繰り返しているように見えても、その周期を繰り返しながら、その時々の経済成長の制約要因を乗り越えるように変化していく。生物と同じように、生存の壁を乗り越えるようにして進化していくのである。景気循環論のモデル化の本当の難しさはそこにある。

簡単に振り返ってみよう。一九七〇年代の石油ショックまでの設備投資意欲が高かった高度成長時代には、機械や装置の法的耐用年数あるいは耐久消費財の耐用年数がおよそ一〇年であるとしても、成長が限界に達して景気が反転する契機は、国際収支の壁であった。貿易黒字を恒常的に生み出すほどの国際競争力が未形成の段階では、設備投資主導で経済成長していく過程において、原材料や設備財の一部の輸入が増加すると、国際収支の壁に突き当たり、金融引き締め政策をとらざるをえなくなる。それで景気が反転して不況になり、国際収支が改善していく。

しかし、日本経済が国際競争力をつけてくると、貿易黒字とくに対米貿易黒字も拡大してくる。それによって日米貿易摩擦が生じ始め、円切り上げ圧力を受けた。こうした事態に対処するために、田中角栄の「日本列島改造」論で大規模公共事業による内需喚起策がとられた。ちょうどその時に、二度にわたる石油ショックに突き当たり、激しいインフレーションが発生するとともに、再び貿易赤字とマイナス成長に直面する。

石油ショックを契機に、日本経済の構造が転換した。まずインフレ抑制と貿易赤字解消のために、賃金の決定ルールが大きく変わった。ストライキはめっきり減り、それまでのGDP成長率の上昇に見合う賃上げを要求する「春闘」方式は事実上空洞化していった。代わって賃上げ率が製造業労働生産性にペッグする労働生産性基準原理に従うようになった。利潤を製品一単位のコストに上乗せするマークアップ原理にしたがって、賃金が労働生産性にマークアップして決定されるように変わっていったのである。問題が発生すると、その問題を乗り越え克服する形で、周期の過程で日本経済に「進化」が発生する。そして進化した循環に新たな周期が起きる。

その結果、労賃コストの上昇がもたらすコストプッシュ型のインフレは収まり、その後はフローレベルの物価は低下していったが、不動産を中心にしたストック価格の上昇が起きるようになった。とくに二つの石油ショックとスタグフレーションによって初めてのマイナス成長を経験して、企業は将来の見通しが不透明感を抱えて、自己防衛策として土地を抱え込むようになった。利益を減らすことで、賃金支払いを減らし節税する手段として、非上場の子会社を使って借入金で不動産を購入することが頻繁に行われるようになった。

その後、一九八五年のプラザ合意を契機にして、円高不況が始まったが、企業では借入金の返済や人員整理のリストラが横行した。貸出先を失った銀行は「土地神話」に基づいて不動産融資を拡大させていった。非金融法人の債務残高が異常に膨脹した。とくに資本金一億円以下の非上場企業の土地購入が膨らんだ。未曽有の規模のバブル経済が起きた。旧大蔵省銀行局は一九九〇年三月、都市銀行などの金融機関に総量規制を通達し、一九九一年一二月に解除した。それがバブル崩壊の引き金を引いたかのように非難されたが、それはひとつのきっかけにすぎない。なぜなら、他の国でもさまざまなきっかけでバブルは崩壊したからだ。問題は、バブル崩壊後に発生した不良債権処理の政策の間違いであった。それはテキストには書かれていない方策であり、大恐慌期での歴史的教訓を知らなければ、実行できないものであったからだ。

7　自壊に向かう循環

一九九七年金融危機への対処の失敗

前に述べたように、周期的カタストロフに際して、どのように対処するかによって、次の

「安定的な構造」に向かうのか、それとも周期の自滅に向かい、より深刻な経済衰退に向かうのかの分岐が生じる。残念ながら、それは戦後の無責任体制によって後者に向かっているように見える。

まず不良債権問題では、銀行に対して厳格な不良債権査定という徹底的な検査を行う必要性があった。そして、その症状に応じて治療策をとらなければならなかった。具体的には、破綻債権、破綻懸念先債権、要注意債権、正常債権などリスク別に不良債権を切り分け、必要な貸倒引当金を積んでいくのである。それで自己資本が不足すれば、不正会計をした経営者の責任をとらせ、公的資金を注入する。もうひとつは、欧州でとられたように、銀行を国有化して、不良債権をバッドバンク(公的資金を使って不良債権を買い取る資産管理基金ないし会社)に集めてゆっくり処理し、残りの「健全」な部分を再民営化する方法である。スウェーデンやフィンランドのような北欧諸国はこうした方式をとることで、経済のV字型回復を図ることができた。

ところが、日本では、経営者や監督官庁は法的責任をとらず、不良債権をごまかし、小出しに公的資金を注入してずるずると処理したために、信用不安の伝染が止まらなくなり、危機が収束できなくなってしまった。人々も銀行同士も疑心暗鬼に陥り、信用収縮やデフレをもたらし、「失われた一〇年」をもたらしたのである。

金融危機の時にも原発事故の時にもコロナ禍の時にも共通する日本社会の無責任体質がある（丸山眞男『日本の思想』〔岩波新書、一九六一年〕や戸部良一他『失敗の本質』〔中公文庫、一九九一年：初版一九八四年〕などを参照）。一九九七年以降の金融危機では、銀行の不良債権の査定をごまかすので、カウンターパーティリスク（取引相手が突然破綻するリスク）が発生してしまう。どこにどれだけ不良債権が眠っているかがわからないので、経営的に危ないと考えられている銀行や証券会社がコール市場で資金を調達できなくなる。預金者は預金を引き出し、タンス預金に走る。他方で、銀行は貸し渋りや貸し剝がしを行う。そうして経済が縮小プロセスに入っていくのである。

起きていることはコロナ禍でも似ている。前述したように、新型コロナウイルスでも、無症状者を検査せず、PCR検査が決定的に不足しているので、たとえば一％の人が感染しているだけなのに、互いが疑心暗鬼になって九九％の人がソーシャルディスタンスをとらなければならなくなる。さらに、世田谷区など少数の例外を除くと、高齢者施設、学校、保育園などクラスターが発生しやすい感染源を潰していくために、定期的にPCR検査を行うなどの危機管理の方策がとられなかった。結局、これでは飲食、宿泊、交通、衣料アパレル、対面小売などでは、深刻な経営危機に陥ってしまうのは当然であった。さらに感染性が高いが、重症化リスクが相対的に低いオミクロン株の場合は、通常の医療機関で検査と治療薬を施す体制へと転換しなければならなかったのに、それもできなかった。

このように、データをとらないので科学的な根拠が欠如した政策が続き、リーダーの責任を明確にできずに失敗の上塗りを繰り返し、戦力の逐次投入が行われた。その結果、国民皆保険体制と医療体制が壊れ、四万七〇〇〇人以上(二〇二二年一一月五日、NHK集計)が亡くなり、戦後最悪の人災となっている。リスクを見極め、果断に一気に処置をとることが不可欠であるが、現実には、ずるずると失敗して問題が終わらなくなってしまう。そして最後は、経済や社会の全体的な衰退過程が始まっていくのである。

結局、不良債権処理に公的資金は表向きだけでも約四八兆円が費やされ、ずるずると財政金融政策で支え続けてきた結果、産業の衰退が進んでいってしまった。超低金利政策で金利機能を奪ってしまい、経営に失敗した企業でも日銀が社債やCP(コマーシャルペーパー)を買えば救済されてしまう。結果、産業の革新が起きなくなってしまっている。これまで日本が得意とされてきた分野でもどんどん国際競争力が低下していった。5G(第五世代通信)やクラウド・コンピューティング、半導体、スマートフォンなどのデジタル通信機器、IoTやICT(Information and Communication Technology）の情報通信技術、リチウム電池、バイオ医薬、液晶や有機ELディスプレイ、時代遅れの原子力や火力に傾いていった重電機産業など、製品やサービスの世界的シェアを著しく低下させていった。

日本貿易振興会（JETRO）によれば、二〇一〇年時点でのデジタル関連機器輸出は三位だったが、二〇二〇年にはベトナムにも抜かれて八位まで落ちている。日本生産性本部によれば、製造業の労働生産性は二〇〇〇年には三一カ国中一位だったが、一九年には一八位まで低下している。一人あたり労働生産性で見ると、OECD加盟国三八カ国中二八位まで落ちている。

その結果、一九九七年の金融危機以降、GDP（国内総生産）は停滞し、名目賃金・実質賃金や生産年齢人口は減少を続け、二〇二一年の時点では一人当たりGDPも世界中で二七位（ドル換算）まで落ち込み、増えたのは非正規雇用ばかりになった。

制度面での「食い潰し進化」

金融危機でパニックが発生し、銀行や企業が次々と経営破綻する中で、抜本的な不良債権処理策がとられず、ずるずると公的資金を注入して財政金融政策の拡大でごまかしていくと、「自己防衛」のためにさまざまな制度面での「進化」が発生する。それは、当面の危機を救う

表 2-1　日銀の保有資産内訳

（単位：兆円）

	2020 年 3 月 10 日	2021 年 2 月 28 日	2022 年 10 月 31 日
国債	494.9	539.8	556.5
ETF	29.1	35.7	36.9
社債	3.2	7.3	8.2
CP	2.4	4.3	2.6
貸付金	48.9	116.1	80.0

出所：日本銀行「営業毎旬報告」より作成

ように見えて、やがて日本経済を自壊に導くことになる。それはワクチン抵抗性を持つウィルスの変異株が生まれたり、（日銀が）免疫不全になると、そこから新たな変異株が次々と生まれたりするのと似ている。

金融ビッグバンによって金融自由化を継続し、自己資本比率規制で縛られながら、国際会計基準の導入などのグローバリズムに基づいた「改革」がとられると、パニック的な金融危機が再び起こらないように、かえって日銀も銀行も企業もひたすら「自己防衛」に努めるようになった。それは当面パニックを防ぐような「進化」が生じ、日本経済に新たな長期停滞と深刻な格差拡大という歪みをもたらした。

日銀は大規模な金融緩和で銀行から国債を買い取ると、膨大な当座預金が積み上がる。それによって、銀行は預金取り付けや北海道拓殖銀行や山一證券のようにコール市場で資金調達できずに潰れるようなことはなくなる。あるいは企業は借入金を返済したうえで内部留保をため込むようになる。そうなれば、企業は不良債権化しても潰れることはなくなる。ＥＴＦ（指数連動型上場投資信託)を購入して株価をつり上げれば、日本企業は買収されて潰れにくくなる。さらにストックオプションで収入を得る経営者の政治的支持を得ることができる。

ゼロ金利さらにマイナス金利を続ければ、利ざやを取れないので、経営体力の弱い第二地銀や信金が経営危機に陥る。そこで、日銀は、コロナ禍で経営危機に陥った中小企業に対して、四二兆円(二〇二二年一〇月)ものゼロゼロ融資(実質無担保・無利子の融資)を提供し、担保を取って潰れそうな中小企業を支えて地銀や信金を救う。だが、それは中小企業の経営自体を改善するわけではなく、金利を上昇させれば、バブルが崩壊して、いっぺんに深刻な不況に陥り、やがて次々とかろうじて生き延びていた中小企業が潰れていけば、二〇二二年一〇月末における日銀の約八〇兆円もの貸付金は焦げ付き、担保にとってきた証書貸付や住宅ローン貸付債権が不良債権に化けてしまう。

実際に、日銀が受け入れている担保残高(二〇二二年一〇月三一日段階)を見ると、額面が一四〇・六兆円なのに対して、担保価額は一二一・八兆円とすでに約一九兆円弱の含み損を出している。とりわけ住宅ローン債権信託受益権は約一四・三兆円の含み損になっている。

そもそも大規模金融緩和によるアベノミクスを進めたリフレ派は、中央銀行が「二年で二%」という物価目標を掲げ、大規模な金融緩和によって大量のマネーを流せば、人々の物価上昇期待がもたらされて消費を増やすと主張した。日銀の金融緩和が物価上昇をもたらし消費を増大させて経済の好循環をもたらすというインフレターゲット論の理屈は、実際に起きていた経済のメカニズムとは大きくずれていた。仮に多くの人々が物価上昇期待を抱いたとしても、人々の所得が上がらなければ、消費を増やそうにも増やすことはできない。そこで、まず大企業や富裕層がもうかって、その所得がトリクルダウンする(したたり落ちる)のだと説いた。ところが、トリクルダウンは起きなかった。

結局、九年間、日銀は物価目標を達成できず、達成時期を六度も延期したうえに、ついに達成時期自体を言わなくなってしまった。起きたのは、これまでの円安と賃下げによって輸出産業とりわけ自動車の利益を増大させ、かろうじてプラス成長を得ることであった。だが、それは「出口がない」悪循環構造を作り出してしまった。

同じように、国債を財源に消費税廃止や給付のバラマキを主張するMMT(Modern Monetary Theory 現代貨幣理論)も理論的に破綻してしまった。MMTも貨幣を持つ根拠は納税義務にあるため、二%の物価上昇が起きた場合、大企業中心に増税する必要があるとする。そこでケインジアン的な反循環政策としていたのだが、二%の物価上昇目標を達成したのに、増税どころか消費税廃止(地方消費税を含めた税収は約二六兆円)を言い出し、リフレ派と同じ隘路にはまった

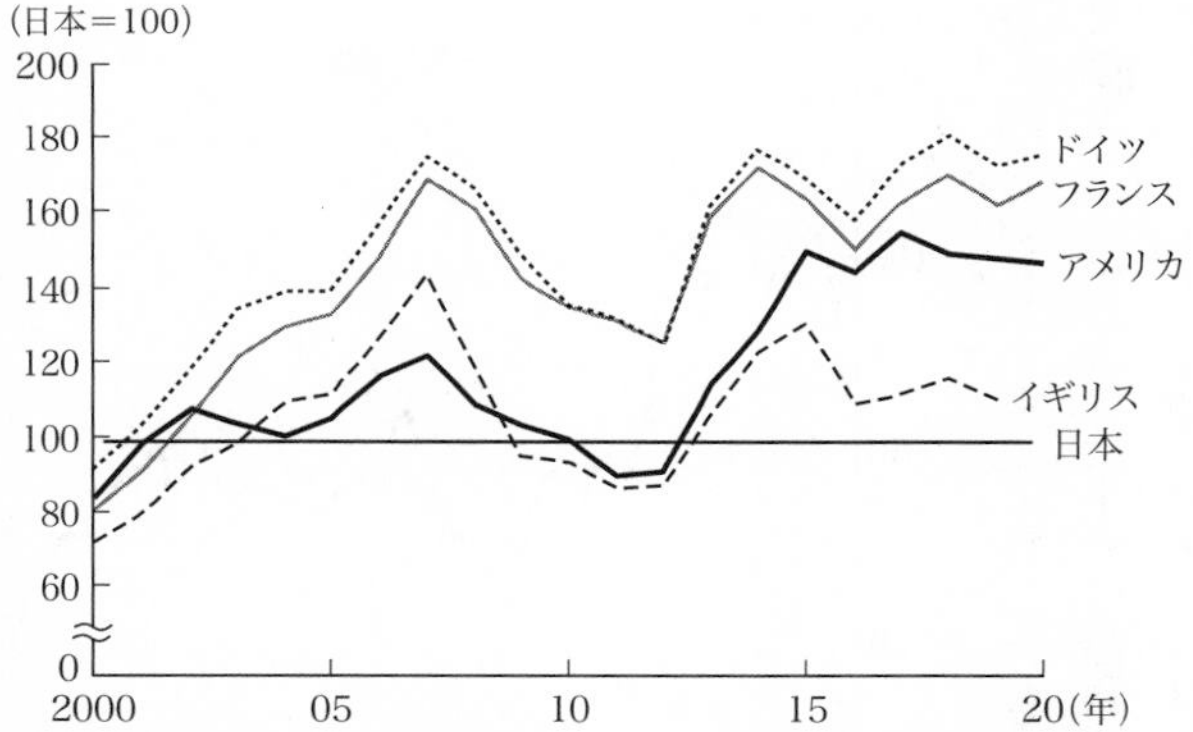

出所：労働政策研究・研修機構「データブック国際労働比較 2022年」188頁

図2-10　主要国の労働費用動向の国際比較

のである。では、なぜそのような悪循環が生まれてしまったのだろうか。

まず、第一の悪循環は、付加価値が高い新しい製品を創り出せず、日本企業の国際競争力が低下していくサイクルである。起点は、日米貿易摩擦であった。一九八六年と一九九一年の日米半導体協定を契機に、日本の先端産業分野は次々と衰退していった。一九八六年日米半導体協定によるダンピング禁止と一九九一年日米半導体協定による二割の外国製輸入割当が決められ、半導体やコンピュータなど先端産業の衰退が始まった。

それにバブル崩壊後の不良債権処理の失敗が重なった。企業は先端分野でもリストラで技術者を解雇したために、中国・台湾・韓国にどんどん技術移転が生じた。一九九〇年代初めの銀行の不良債権問題

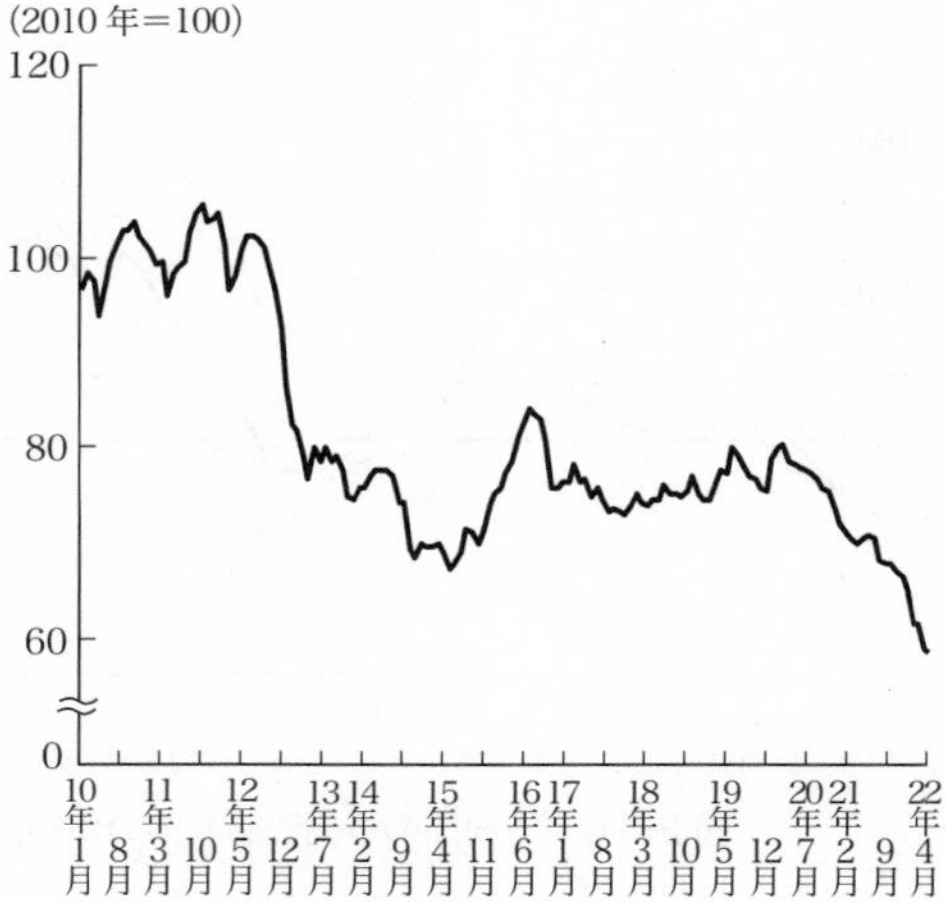

出所：日本銀行「時系列統計データ」より作成

図2-11　実質実効為替レート指数

でも、そして二〇〇八年のリーマン・ショックを経て、二〇一一年の福島第一原発事故でも、経営責任も監督責任も問われず、「失われた三〇年」となった。不良債権をごまかし続ける間に、産業や技術の転換を果たせなかった。

こうした産業衰退のサイクルによって、輸出企業は、円安と賃金引き下げで目先の収益を上げようとする第二の悪循環を生み出した。図1-4(六二頁)で見たように、日本の実質賃金は低下を続けている。前頁の図2-10は、二〇〇〇年以降における、主要国の為替レートで換算した製造業の労働費用の動向を示している。これは現金給与額だけでなく、法定および法定外の福利費や現物給与を含めた労働費用全体を示している。これを見ると、この二〇年間でドイツは日本の一・八倍弱、フランスは約一・七倍、アメリカでも一・五

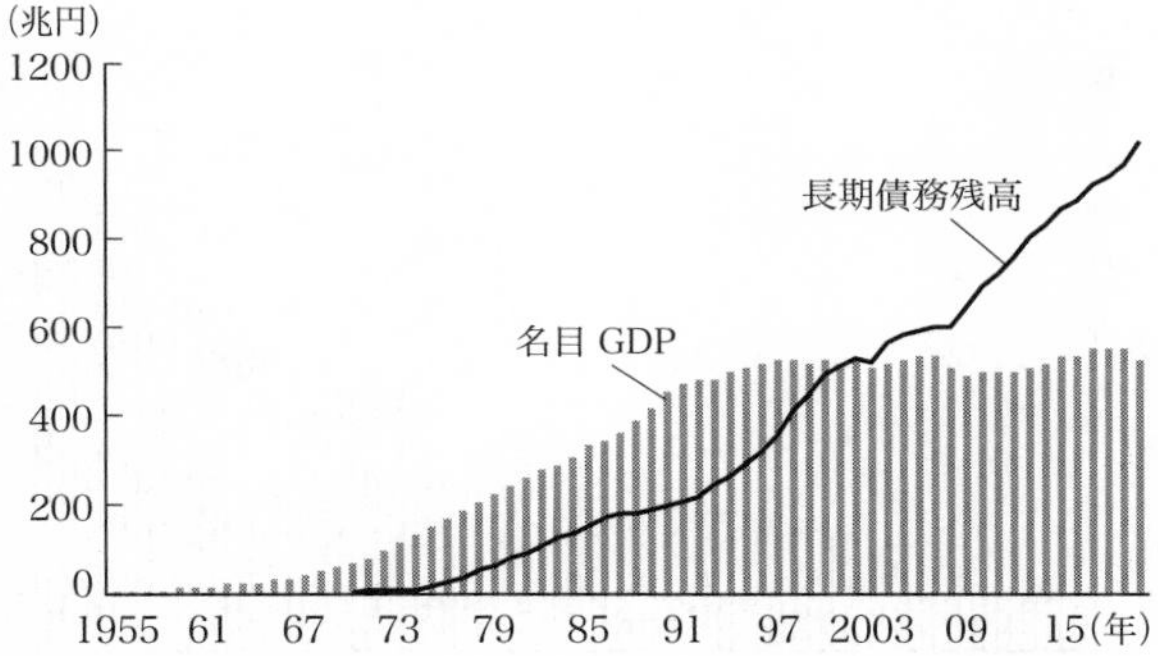

出所：内閣府「国民所得計算」および財務省「我が国の 1970 年度以降の長期債務残高の推移」(2018 年) より作成

図 2-12　名目 GDP と国の長期債務残高

倍弱も労働費用を伸ばしており、日本の労働費用の低さが際立っている。その結果、日本の家計消費支出の低迷をもたらしており、地域経済の衰退と相まって内需の弱さをもたらしている。さらに図2–11が示すように、アベノミクスの大規模金融緩和によって、著しい円安を進行させてきた。それが、ますます輸出への依存度を高め、円安と雇用破壊・賃下げが進む悪循環を生んでいる。円安誘導にもかかわらず、リーマン・ショック後、貿易収支は赤字基調になった。同時に、リーマン・ショックに際して、サブプライムローン絡みの証券化商品を買っていないにもかかわらず、内需が弱く、先進諸国中でもっともGDPの落ち込みが激しかった。

それは、財政金融政策による悪循環という第三のサイクルを生じさせる。日本経済が危機に陥るたび

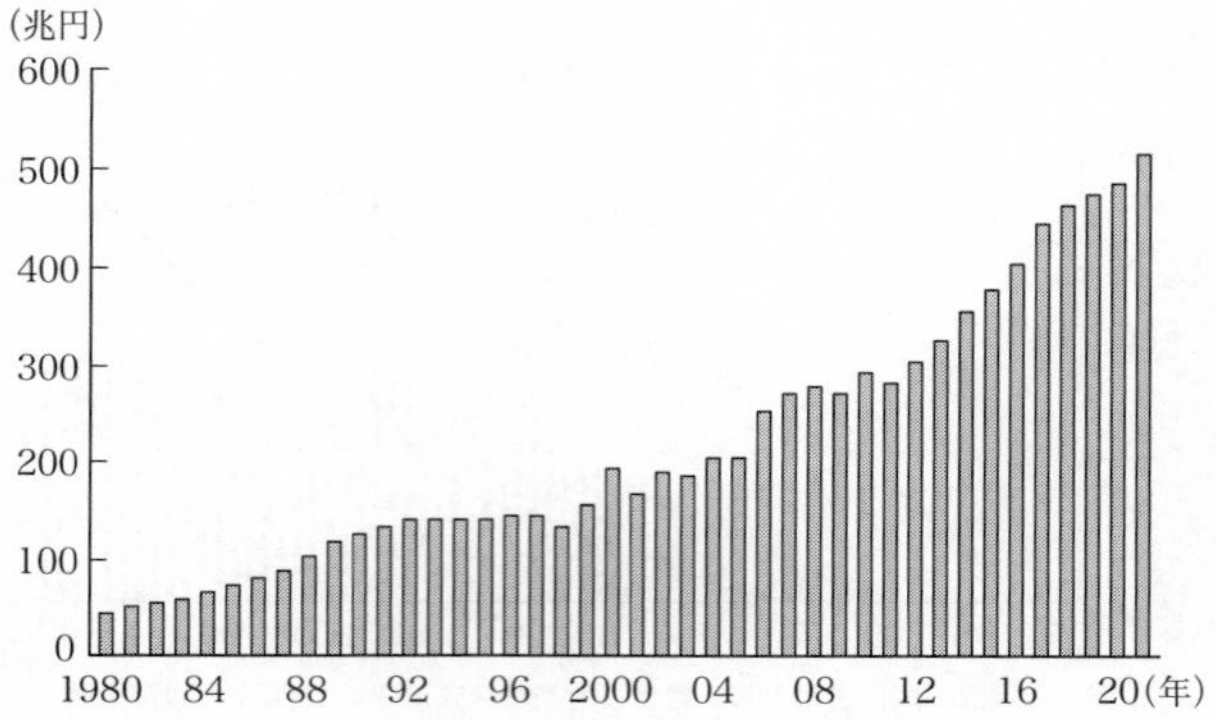

出所：財務省「法人事業統計」より作成

図 2-13　内部留保の動向

に、円安と実質的賃下げで輸出企業を支えるために金融緩和を行い、同時に不良債権処理をごまかすために財政赤字で需要を喚起せざるをえなくなった。

しかし、前頁の図2-12が示すように、財政赤字がどんどん累積しても、(統計改ざんをしても)現状をもたせるのが精一杯である。実際、金融緩和と財政赤字でもたせる間に、民間企業は債務返済に努め、その後ひたすら内部留保をため込む。企業の内部留保(法人事業統計の利益剰余金)は二〇一二年の三〇七兆円から二〇二一年度の五一六兆円まで増えていった(図2-13参照)。

超低金利政策の下で湯水のようにカネをばらまきだすと、東京電力のようなゾンビ企業や東芝のように空洞化してファンドにもてあそばれる企業が生き残るとともに、公正な制度やルールが壊れだした。

民間企業での検査不正があちこちで広がる一方で、森友学園の国有地払い下げ問題、加計学園の獣医学部新設問題、桜を見る会と前夜の食事会などでは、国会での虚偽答弁や役所による公文書改ざんが起きた。ペジー・コンピューティングの補助金詐欺、学術会議の任命拒否など、科学者の独立性が失われるようになった。これでは産業の革新が起きるはずもなく、産業構造の転換がますます遅れることになった。

こうした自壊が進む悪循環が繰り返されると、バブル循環でも自分たちで自発的にバブルを作る力が弱まり、世界的なバブル循環の影響を強く受けるようになっている。コロナ禍になって異常な金融緩和を進めてきているにもかかわらず、株式については日銀や年金基金によって買い支えられながら、外資が取引の約七割を占めるようになっている。あるいは円安を背景にした中国マネーに助けられた大都市圏のマンション価格が上昇するなど、国際的なバブル循環の影響を強く受け、国内では局所的なバブルしか起きなくなっている。K字型回復と言わるように、株価や不動産価格の上昇の一方で、賃金の低迷と女性非正規雇用の苦境という対照的な事態を生み出している。コロナ禍のバブルは究極の格差社会をもたらしているのである。

8　カタストロフの底へ向かう循環——戦争とパンデミックの時代

石油・ガスをめぐる最後の戦争

周期を繰り返しながら、変化（変異）しつつ「進化」していくと同時に、今度は自壊する循環に陥り出したまさにその時に、第一章で述べたように五〇年周期のコンドラチェフの波の底に重なり出している。新型コロナウィルスの世界的流行、中国の不動産バブルの崩壊、ロシアのウクライナ侵略が起きて、前の五〇年周期と同じくスタグフレーション（不況下の物価上昇）に陥りかけている。ウクライナ侵略戦争がスタグフレーションをもたらした背景には、第一章で述べたように、イラク戦争に続いて、リーマン・ショック後にガス・パイプラインに沿ってチエチェン、ジョージア、シリアと一四年間続けてきたロシアの化石燃料をめぐる領土拡張戦争がある。それに対抗して、ＥＵ諸国もロシア産石油・ガスの禁輸と再生可能エネルギーへの転換を引き起こそうとしている。

ロシアのウクライナ侵略は許しがたい武力による領土拡張であることは疑いないが、いま起きている世界経済のデカップリング（分断化）は、自由と民主主義対専制主義の争いという単純な図式では割り切れない。先に述べたように、金融資本主義が取り返しのつかない格差拡大を生み、情報資本主義の発達が格差を一層拡大させて移民差別とナショナリズムを生むとともに、個人情報管理に伴うディストピア化の危険性と世論の分断化をもたらしているからである。

スタグフレーションと死に体の日銀

ウクライナ侵略戦争が日本に引き起こした問題は、五〇年ぶりのスタグフレーションが起きかけているにもかかわらず、日銀は「出口のないねずみ講」の状態に陥ってしまい、金融政策の柔軟性を失い、金融緩和を止められなくなったことである。多くの他国とりわけアメリカは、急激な物価上昇に対処するために、金利の引き上げと量的金融緩和の縮小に向かっているために、日米金利差は拡大していった。そのために円安が急速に進み、輸入物価の上昇が止まらなくなっている。

コロナ禍に伴ってサプライチェーンが寸断し、コロナ対策としての金融緩和が投機マネーを生み、化石燃料や食料価格が上昇し、さらにロシア軍によるウクライナ侵略によって価格上昇が加速した。

アメリカ労働省発表の二〇二二年消費者物価上昇率は一月七・五%、二月七・九%、三月八・

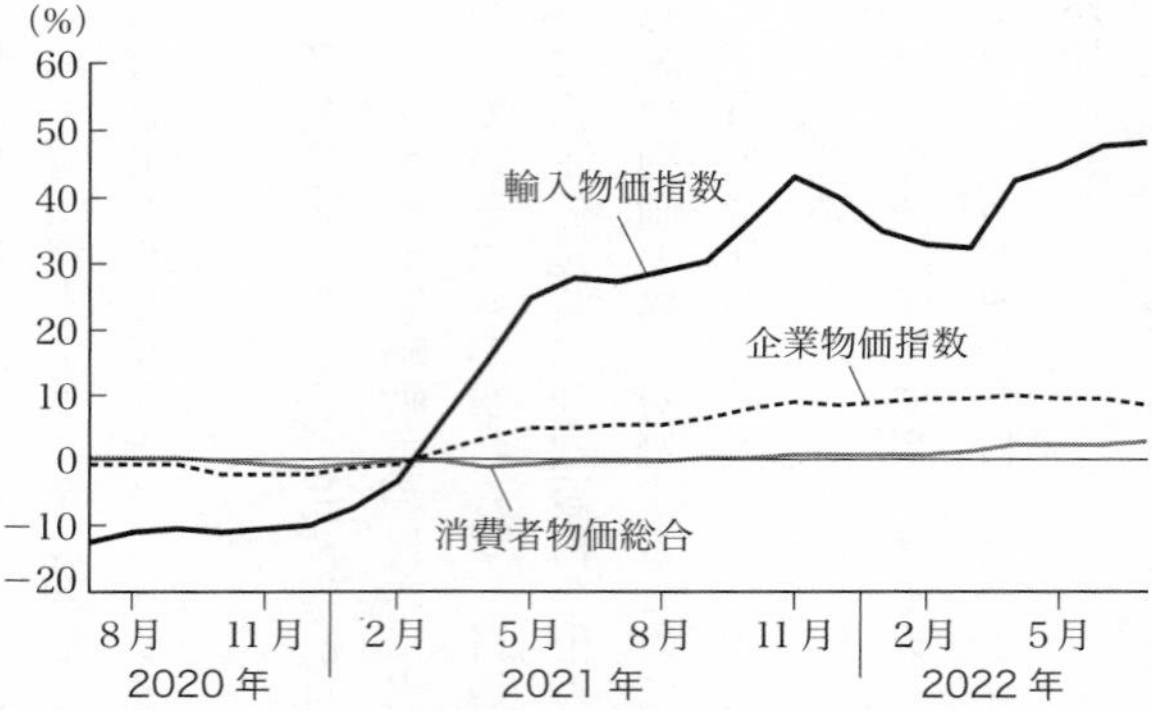

出所：総務省統計局「消費者物価指数」，日銀「企業物価指数」

図2-14　物価上昇の動向

五%、四月八・三%、五月八・六%、六月九・一%、七月八・五%、八月八・三%、九月八・二%と高止まりしており、第二次石油ショック後以来の物価上昇が起きている。日本では、図2-14が示すように、二〇二一年春から輸入物価が上昇を始め、それについで企業物価が上昇していった。二〇二一年一一月には輸入物価の上昇率は四三・一%になり、再び二二年九月（速報値）にも四八%まで上った。そして企業物価は二二年四月に九・八%そして九月も九・七%と、一九八〇年以来の上昇率になった。二〇二二年に入って、消費者物価上昇率も遅ればせながら上昇しはじめ、二二年四〜五月には二・五%（総合指数）、生鮮食品を除くコア指数でも二・一%と二%を超えた。その後も、七月には総合指数で二・六%、コア指数は二・四%、八月には総合指数は三%、コア指数は二・八％、九月には総合指数、コア指数とも三％にまで上がってきている。円安によって輸出や海外で取引をする大企業の利益は拡大したが、中小企業は原材料高に苦しみながら、賃金が上がらないために消費者に価格転嫁できずに経営困難に陥っている。

ところが、日銀は金融緩和を解除できず、日米金利差は拡大する一方で、円安を止められずにいる。三月四日には一ドル＝一一四円だったのが、七月一四日には一ドル＝一三九円と、わずか四カ月余りで二五円も上昇した。円安はいったん収まったものの、九月一日にはついに一ドル＝一四〇円を突破した。そして、九月二二日は一ドル＝一四五円を超え、日銀は単独で円買いドル売りの為替介入を行った結果、五円ほど円高に戻したが、またたく間に元に戻り、一四五円を突破していった。言うまでもなく円安は上昇している輸入物価をさらに引き上げる効果を持つ。

米ＦＲＢ（連邦準備制度）は、三月一五～一六日の米連邦公開市場委員会（ＦＯＭＣ）で〇・二五％利上げし、ゼロ金利政策から脱却した。その後、五月三～四日には〇・五％の利上げと保有資産の圧縮を決め、六月一六～一七日、七月二六～二七日、九月二〇～二一日、一一月一～二日のＦＯＭＣでは四回連続して〇・七五％の大幅利上げを行い、政策誘導金利は三・七五～四・〇％になった。

これに対して、日本銀行(日銀)は三月二九〜三一日、次いで四月二一〜二六日に無制限の指し値オペを実施した。そして四月二八日の金融政策決定会合で毎営業日に指し値オペを実施することにした。その結果、長期金利(一〇年国債の利回り)は〇・二五%の上限に張り付いている。こうした日銀の「ゼロ金利政策」の結果、長期金利で見れば、すでに五月五〜七日時点でアメリカは三%を上回り、一〇月一四日には四%を上回ったため、日米の長期金利の差は四%になった。さらに一〇月七日、米抵当銀行協会の三〇年住宅ローン(MBA)金利は六・八一%になった。昨年末時点は三・二%なので、倍以上も上昇した。通貨価値を守る中央銀行が消えたため、資金は円からドルへどんどん流れていく可能性は消えない。そのため九月に入って政府・日銀は単独で円買いドル売りの為替介入を始めた。それは、コンピュータで高頻度取引をする先物ファンドの餌食になっている。FRBの利上げが続くのに日銀は利上げができないままなので、アベノミクスは今度は外貨準備の食い潰しに入っている。

一方、アメリカの金利引き上げは、建設資材価格の上昇とともに住宅価格を押し上げ、中古住宅販売と新規住宅着工の減少を招いている。すでに中国の不動産バブルが崩壊しており、アメリカの住宅バブルが崩壊すれば、円安圧力は緩和するが、それは、日本経済が物価上昇と景気後退に同時に襲われるスタグフレーション化に直面することを意味する。日銀の金融政策は八方塞がりになりかねない。

空っぽの「新しい資本主義」

岸田首相は、当初、「新しい資本主義」のスローガンを掲げ、分配を重視する姿勢を打ち出した。二〇二一年一〇月の総裁選では、岸田首相は「成長と分配の好循環」をもたらすために、一億円以上の高所得者は金融所得の税負担が軽くなる現象を取り上げ、金融所得課税を強化すると打ち出した。ところが、株価が下落すると、すぐに引っ込めてしまった。さらに二〇二二年五月五日には、岸田首相はロンドンで、「資産倍増計画」を打ち出した。だが、そして今や一億円以上の高所得者を含めて「資産所得倍増」を主張するようになっている。皮肉だが、ゼロ金利下の「資産所得倍増」はFXトレードや外貨建定期預金くらいしかない。わずかな証拠金で行うFXトレードは一カ月で一〇〇〇兆円の規模に達している。

さらに賃上げ企業に対する法人税減税を掲げたが、実際に二〇二一年度に適用されたのは大企業で九%、中小企業ではわずか三%にとどまっている。非正規労働者は三%以上の賃上げなどとてもできる状態にない。結局、「新しい資本主義」は「分配政策」の目玉を失って、元のアベノミクスに逆戻りしている。

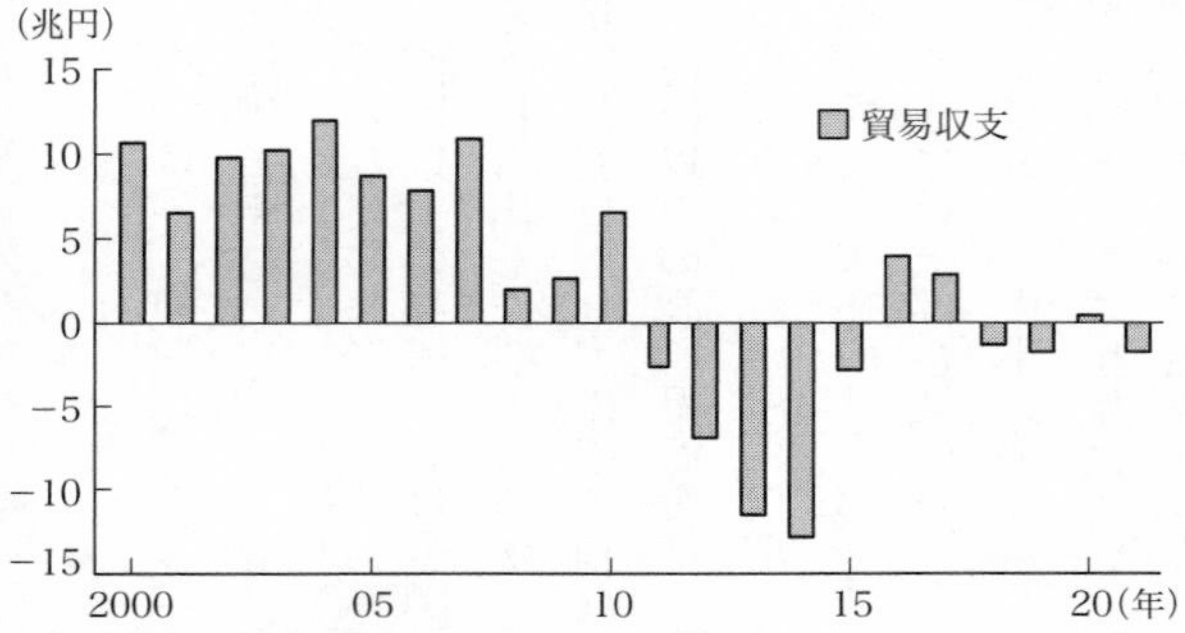

出所：財務省「貿易統計」

図2-15　貿易収支の推移

岸田政権の「新しい資本主義」は大規模金融緩和を引き継いでいるがゆえに、円安が止まらず、海外展開をして儲けている大企業と、物価上昇で苦しんでいる一般国民や中小企業の間で一層の格差を広げている。問題はそれだけではない。長期にわたる産業衰退や生産拠点の海外移転にともなって「稼ぐ力」が衰え、円安になっても輸出は思うほど伸びず、輸入価額の増加を吸収できなくなった。図2-15が示すように、リーマン・ショック以降、日本の貿易収支は赤字基調になっているが、二〇二二年四〜九月には約一一兆円という過去最大の貿易赤字を記録している。

この間、第一次所得収支という海外投資（直接投資と証券投資）の収益が約二〇兆円の黒字をあげて経常収支を支えてきたが、二〇一七年に約二二・八兆円でピークを迎えた後、徐々に減少し、二〇二一年には約一五・四兆円にまで減少し、二二年一月には経常収支もついに一兆一八八七億円の赤字になり、二カ月連続の赤字になった。その後、経常収支は黒字となったが、六月に再び一三二四億円の赤字に転落した。七月の季節調整値で六二九〇億円の赤字、八月はかろうじて五八九億円の黒字だったが、前年同月から九六・一％も減少した。経常収支が赤字になると、国内資金で財政赤字をファイナンス（資金融通）できなくなっていく。日本経済の長期衰退は、国際収支上でも表面化する日が少しずつ近づいてきている。

出口のないねずみ講

では、日銀はなぜこうした無理な政策を継続しなければならなくなったのだろうか。

九年もの長きにわたったアベノミクスによって財政赤字を出し、金利を無理やり抑え込んできたことが大きい。まず第一に、いまや国債の累積額は一〇〇〇兆円を超え、わずかな金利上昇でも国債費が膨張するようになった。財務省の令和三年度試算によれば、ほぼゼロ金利の一〇年物国債金利が一％上昇すれば、国債費は一年目に〇・八兆円増加し、翌年度は二兆円、翌々年度には三・八兆円増え、最終的に借り換えが一巡すると一〇兆円の増加になる（「財政総論」二〇二一年四月七日）。防衛費の二倍に当たる金額だ。二〇二一年度の国債費は二三兆三五一五億円なので、金利が一％上がると、やがて国債費は三〇兆円以上に膨らみ、金利が二％上がると、四〇兆円以上と雪だるま式に膨らんでいくのである。それを国債発行で賄えば、雪だるま式に国債発行が膨らむデッド・トラップ（負債の罠）に陥ってしまうだろう。

安倍元首相を筆頭に、日銀は政府の子会社であると言い、政府が出す国債の半分弱は日銀が持っているため、政府が日銀に支払う国債費の半分近くが日銀納付金として返ってくるという主張もある。だが、日銀は保有する国債に見合う、約五五〇兆円に達する当座預金をもっており、金利を上げれば、たちまち日銀の財務は悪化してしまう。

さらに、政府はマイナス金利の一年以内の短期証券（財務省証券）や中期債に大きく依存しているために、金利がプラスになれば、政府の国債費は急速に膨張してしまう。ちなみに、マイナス金利の国債発行とは、引き受け手が額面価格より高い価格で国債を買う、つまり満期になると国債購入者が損をするやり方を指す。実際、日銀は一〇年債以下の中期債を額面価格より高く買い取っており、政府は日銀に金利を払うどころか、日銀に額面より高く国債を購入してもらっているのである。ちなみに、二二年一〇月三一日の帳簿価格で見た中長期債の国債購入額は約五四七兆八一三二億円（日銀営業毎旬報告）に対して、額面時価で表した国債価値は五三六兆六三一五億円（国債の銘柄別残高）で差額の一一兆一八一七億円は日銀が負担している。さらにマイナス金利の財務省証券の多くは、外国人投資家が日米の金利差を使ってもうけるベーシス・スワップという手法を利用している。ベーシス・スワップとは、日米金利差が大きければ大きいほど、マイナス金利を上回って儲かるという仕組みである。

新型コロナ対策費が増えだした二〇二〇年度の二次補正段階で、二一二・三兆円の国債のうち、四割弱を一年以内の短期証券八二・五兆円(約三九%)、および三割弱を中期債六一・二兆円(約二九%)で賄っており、コロナ禍の下で日本の財政は、ほとんどを短中期債で賄う自転車操業の状態に陥っていた。こうした状況で金利を上げて、マイナス金利を解消すれば、その分だけ直接、国債費は増加してしまうのである。

第二に、金利が上昇すれば、国債価値は下落し、日銀は巨額の含み損を抱えてしまう。少々古いが、二〇一六年時点で財務省が公表した試算では、金利が一%上昇すると、日銀が保有する国債の価値が六七兆円毀損するとしてきた。当時における日銀の国債保有額は四〇〇兆円前後で、二〇二〇年六月段階では約五四〇兆円もあるので、金利上昇によって失われる国債の価値はもっと大きいと考えられる。また二〇二二年六月一六日付けブルームバーグによれば、市場の圧力で日銀がイールドカーブ(金利曲線)コントロールを放棄して、金利一%分上振れした場合、国債の含み損が二九兆円になると試算している。ちなみに二〇二一年度の日銀の自己資本は約一〇・九兆円なので、それをはるかに上回ってしまう。

日銀と民間取引業者との間で取引がなければ、この国債価値の毀損分は日銀の会計上では表面化しないが、日銀が満期まで国債を抱え込んでいくしか手段はなくなり、日銀信用は著しく傷つけられていく。また、バブルが崩壊した場合、ETFの価値が大きく毀損すれば、同様に日銀は事実上の債務超過に陥ることになる。

第三に、ゼロゼロ融資を増加させたが、二〇二二年一〇月三一日段階でも日銀の貸付金がまだ約八〇兆円残っている。日銀はそれに見合う中小企業向けの貸付証書や住宅ローン貸付を担保にとっているが、前述したように、すでに全体で約一九兆円弱の含み損、とくに住宅ローン債権信託受益権は一四・三兆円以上の含み損を出している。ここで金利の引き上げで住宅マンションのバブルが崩壊しても、日銀はたちまち債務超過が表面化してしまうのである。

以上見てきたように、日銀はアベノミクスの金融緩和による円安と財政支出に依存してきたために、金利を上げられなくなっている。皮肉にも、日銀はデフレ脱却を目標としながら永遠にデフレでないともたない「出口のないねずみ講」体質に陥ってしまったのである。その結果、政府の物価対策は愚策に陥っている。その典型はガソリン補助金である。

二二年一月末、石油元売りに対して、ガソリン一リットルあたり三・四円の政府補助金を支給したのを皮切りに、四月二一日までに三五円にまで膨らんでいる。

問題は、事実上寡占状態が黙認されてきた石油元売り大手が原油高で儲けを急増させていることである。ENEOSホールディングスの二〇二一年度の純利益は五三七一億円、出光興産は二七九四億円、コスモスエネルギーホールディングスは一三八八億円となっている。ENEOSホールディングスは経常利益約七七一八億円から、消費者ではなく自社株買いに一〇〇〇億円も使っており、株主還元を優先させている。むしろ石油元売り企業には便乗値上げを規制するか超過利潤課税を課す必要がある。

これに対して、野党はガソリン税を一時的に軽減して価格を二五円下げる「トリガー条項」の発動を求めている。二〇一〇年度税制改正において、ガソリン価格の高騰時に揮発油税などを引き下げるトリガー条項が導入されたが、東日本大震災の復興財源のために、このトリガー条項は凍結されている。環境政策上、ガソリン税の軽減は問題があるが、国民の暮らしを第一に考えればウクライナ戦争の停止まで時限的措置として凍結解除もありうる。法改正は与野党が一致すれば迅速に進むだろう。問題はその間に、ドイツのように大胆なエネルギー転換をなしうるのかだろう。

抜本的なエネルギー転換を妨害する

いまは、日本経済はカタストロフに向かう過程にいる。カタストロフが局所的な変曲点になるとすれば、おそらくそれはエネルギーの転換から生じるだろう。

第一章で見たように、五〇年周期のコンドラチェフの波を考えると、前述したように、プーチンのウクライナ侵略は、ある意味で石油資源をめぐる最後あるいは終わりの始まりとなる「帝国主義」戦争だと考えられる。

二二年三月、ドイツは残る三基の原発の廃炉は変えずに、「再生可能エネルギー法」を定め、二〇三〇年には再生可能エネルギーで八〇%、二〇三五年に一〇〇%を目指すことを決めた。まさに、五〇年周期のエネルギー転換の先頭を切っていく動きである。本来なら日本も、自動車のEV化を含めてドイツに学ぶべきである。二二年八月、ロシアによる欧州最大のザポリージャ原発への攻撃で、一時的な電源喪失が起きたが、原発は核兵器にもなりうることが明らかになった。そして再生可能エネルギーは地球温暖化を防ぐとともに、資源を使った戦争から自由になるエネルギーとなった。原子力発電に寄生する日本の大手電力会社は地域経済を収奪し、歴史的なエネルギー転換を妨げる最大の妨害勢力になっている。

この間の無責任体制の下では、福島原発事故の責任を不問に付され、大手電力会社は原発の再稼働を追求し、系統接続を拒否するなどして再生可能エネルギー潰しに専心してきた。この間も石炭火力発電やガス火力発電に固執し、電力料金も上昇させてきた。そして再生可能エネルギーの新電力潰しは一貫している。

まず二〇二〇年一〇月一日から、福島第一原発事故の賠償負担金と廃炉円滑化負担金を託送料金（電力小売業者の送配電ネットワークの利用料金）へ上乗せするようになった。つまり、東京電力の経営責任を問うことなく原発事故処理費用を新電力の託送料金にも乗せたのである。

つぎに、既存電力会社の原発や火力発電を「ベースロード」電源として、将来の安定電源を確保する「容量市場」を「創設」し、そのコストを新電力に負わせた。さらに、発送電分離改革を曖昧にしたために、大手電力会社は地域独占を保持し、新電力潰しに出ている。

東京電力は持ち株会社をもって廃炉カンパニー、発電、送電、小売を経営統合し、関西電力は発電・小売会社が送配電会社を子会社化している。形式上の分社化で、事実上地域独占を保持できるので、卸電力取引所へ出す電力を調整することで、電力価格を異常に押し上げて新電力潰しに走った。

それゆえ、日本経済の再生には、電力会社の地域独占を打ち破り、発送電分離を加え、発電と小売り販売を完全に分ける発販分離を実行する電力システム改革を断行し、新電力にも平等な条件を与えつつ、再生可能エネルギーと蓄電池を導入し、ＩｏＴで電力をコントロールする地域分散・小規模分散ネットワーク型経済への転換が必須になる。岸田政権は「グリーン投資」を成長戦略としながら、ザポリージャ原発攻撃の最中にもかかわらず、二〇二二年八月三一日の記者会見で、六〇年超の老朽原発を含めて一七基の再稼働を方針として打ち出し、さらに小型原発による新増設を打ち出した。歴史の針を逆回転させてはならない。

第三章　カタストロフから新しい世界を創る

本書では、生命現象も経済現象も周期を繰り返しながら、ある時点でカタストロフを引き起こす仕組みを問題にしてきた。さらに、カタストロフは、大きな断続的な変化であり、同時に局所的な変曲点ととらえられる。とすると、そこから、さらに自壊のプロセスへ向かうのか、あるいは新しい「安定的な構造」を作り出すのかを問わなければならない。この章では、今、日本に迫りつつある長期的及び短期的なカタストロフが重なり合う分岐点に、どう対応すべきかを現代化したカタストロフ論をもとに明らかにしたい。

1　グローバルな感染症と向き合う

世界のエピセンター（震源地）への対応がいる

図3―1―Aは、二〇二一年から世界全体で新型コロナウィルス変異株の割合がどう変わってきたかを示す。二〇二〇年後半にイギリスで最初に見つかったアルファ株が世界に広がり、それが、インドで見つかったデルタ株に置き換わる。さらに、それが南アフリカで次々、同定さ

れたオミクロン株のＢＡ・１やＢＡ・５に移っていく様子がよくわかる。

　これまでの生物学におけるセントラルドグマの「偶然と必然」の考え方では、遺伝子の変異は「偶然」に起こると考えられていた。そこで、公衆衛生では、ウィルスが広まると、それに

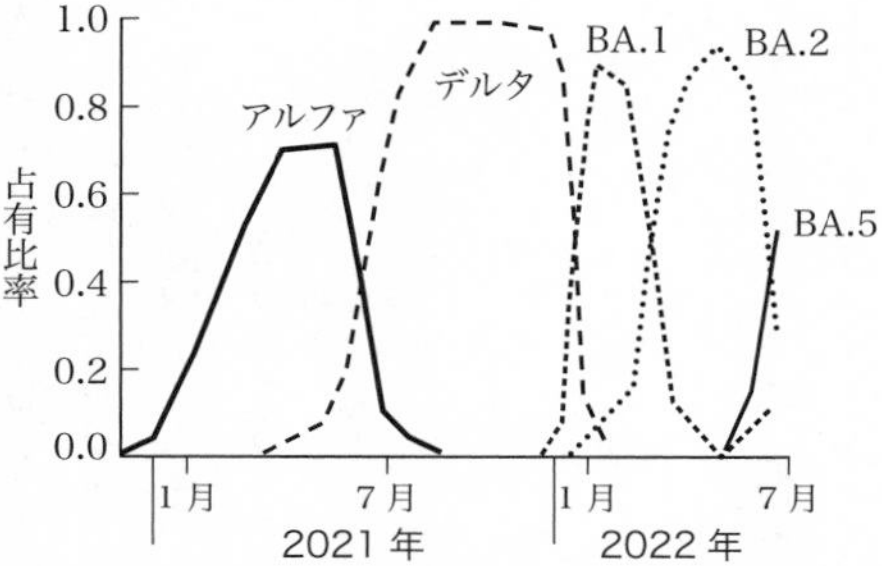

Bowen-JE et al. *Science*. 2022 Aug 19; 377(6608): 890–894.

図3-1-A　新型コロナウィルスの変異株の比率の推移(世界)

新型コロナウィルスの異なる変異株が，置き換わって感染者増加の波を作り出している.

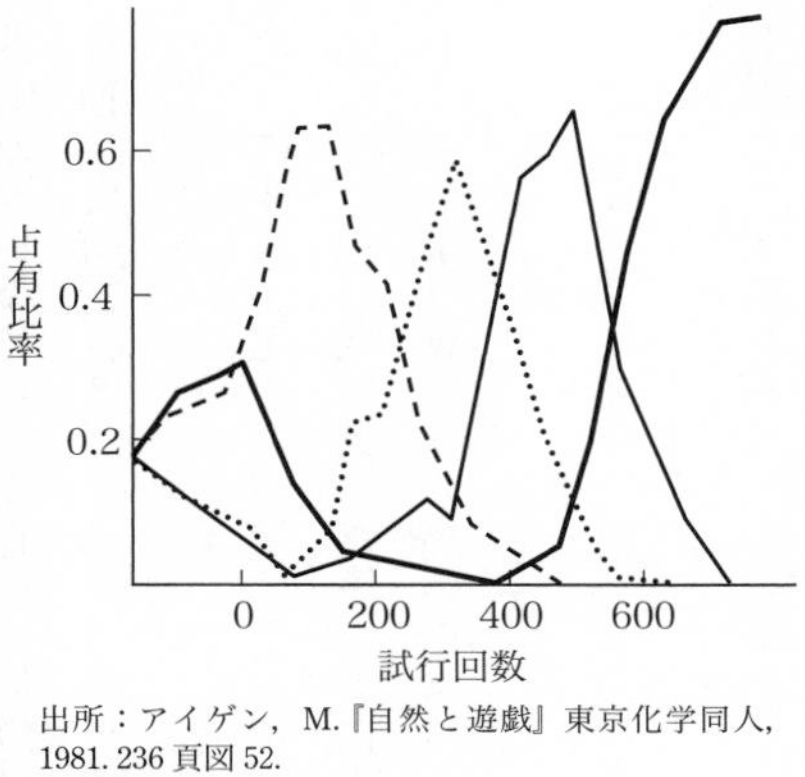

出所：アイゲン，M.『自然と遊戯』東京化学同人，1981. 236 頁図 52.

図3-1-B　複数の変異株の波を予測したアイゲンのシミュレーション

複数の変異株が混ざっているところからスタートするアイゲンのシミュレーションでは，異なる線で示す，異なる変異株がそれぞれ増殖と消滅の波を描いていくように増減する(本文 169 頁参照).

対して、マスクをかけることや、会食の規制、外出の規制などの一般的な行動の自粛を提唱する。それに加えてワクチンの接種が行われる。行動を自粛すれば、ウィルスの感染率が下がり、ワクチンの接種が進めば、感染者数が減ることが期待された。

だが、新型コロナウィルスでは、決して「偶然」に変異が起こるのではなくウィルスが進化していくことが明らかになった。二〇二〇年を通じて、飛行機に乗った旅行者により、中国から世界に一気にウィルスが広がり、行動を自粛しても、より感染性の高いウィルスがどんどん広がっていった。

感染した人の数が膨大になるにつれ、免疫不全の人が感染すると、感染は長期化し変異の率が上がる。このことにより多くの人に感染するアルファ型やデルタ型が生まれ、広がり、一気に増えてきた。そこに新たなRNAワクチンが登場し、一度はワクチン接種により世界中で感染が終息するかと期待された。

だが免疫不全の人が非常に多いアフリカ南部で、ウィルスの進化のスピードはより上がっていった。この世界を覆う新型コロナウィルスの変異の出現、広がり、置き換わりの様子ほど、「散逸系」のカタストロフの特徴をよく示すものはないと言ってもいいだろう。感染症としての新型コロナウィルスの特徴は、次々と変異株が生まれるということと、それが無症状の保因者を通じて、世界に広がり、そしてまた変異が増えるという悪循環が生まれた。

新型コロナウィルスへの対応の基本には、グローバルな協調による、変異の生まれる「エピセンター（震源地）」への対策が鍵となる。世界の震源地から、次々と流れ出る変異株に対して、国際的な対応がいるのに、世界各国では、強権的な対応、またはポピュリズムの対応が横行し、科学的でインターナショナルな対応がなかった。

最初の武漢における重篤な肺炎の多発する最も重要な時期に、武漢市当局は、事態の隠蔽に走った。一方、アメリカのトランプ大統領は「チャイナ・ウィルス」という証拠もない低劣なプロパガンダを繰り返し、あげくにはＷＨＯからの脱退を通告した（二〇二〇年六月）。イギリスのジョンソン首相は、時代遅れのスウェーデンの公衆衛生学者の「集団免疫論」に寄りかかり、初期の対応に失敗した。ハーバードやオックスフォードなどの有名大学を擁し、科学技術のリーダーと目されてきた米英の失敗は、中国の習近平政権の強権化を招くことになる。中国に広がった反米感情の高まりを背景に、習近平政権は英米に対抗する形で香港の民主主義を否定する国家安全法の強制施行に走った。中国の権威主義的な香港支配の成功を見たプーチンはウクライナ侵略戦争を始めていった。一方、欧米の医薬品企業は、ＲＮＡワクチンというまったく新しい医薬品の開発に成功し、当初の武漢型とそれに続くアルファ株からデルタ株までの一連の変異株の重症化率を下げることに成功した。

パンデミックは世界で公式報告だけでも六億三六〇〇万人以上が感染した。その中でも、特に二〇二一年の末から現れたオミクロン株の波は、免疫不全の人が人口の一割を超えるような高いエイズの感染地域であるアフリカの南部から生まれた。この地域に新たなエピセンター（震源地）が形成されBA・1からBA・5の変異株が生み出され、新たな感染の波が引き起こされた。このことはグローバル化が、感染症の対応を難しくすることも示している。

こうしたグローバル化に伴う感染症の世界への拡大の危険性を裏付けるかのように、二〇二二年の七月にWHOは天然痘に似たサル痘と呼ばれる感染症の拡大を公衆衛生上の緊急事態である、との警告を発した。世界のサル痘の感染者は一万六〇〇〇人を超え、欧州、北米、中南米、中東、アジア、オセアニアに至る世界各地で増えている。米国やオランダでは、子どもの感染者も初めて確認されたと報告されている。

グローバルに広がった新型コロナウィルスのパンデミックは、人類史上、初めて生物の進化のリアルタイムでの実測を可能にした。その結果、カタストロフは内部の構造を持ったシステムとシステムの相互作用で起こるものであるということが明らかになり、アイゲンから発展した現代カタストロフ理論によるグローバルな規模での予測が求められているのである。

ポピュリズムやナショナリズムを排し、科学に基づく変異株への対応がいる。とくに変異株の生まれるエピセンター（震源地）、とくにアフリカ南部でのエイズ対策が急務となっている。

データを重視した対応がいる

一六五頁の図3-1-Bは、複数の配列の変異株が相互作用を行う場合に、次々と波を描くことを予測したアイゲンのシミュレーションである。変異が増えると、感染様式は、ローレンツのバタフライ効果のようにシミュレーションの結果をまったく塗り替える。実際、強制的隔離が有効であった初期の武漢型と、オミクロン株への対応は、まったく別に考えなくてはいけない。

ウィルスの検査をゲノム配列の解読を含めて、国際的な連携の下に、徹底して行うことが求められる。ところが、日本では、第一波から一貫して検査能力の脆弱な厚労省が、それを隠蔽する発言を繰り返した。そこには、今の科学の専門性を理解しない行政中心の政策決定メカニズムの失敗が見えてくる。科学的知見は専門家が、執行にあたる行政官を交えないで、行政と独立で検討できることが必須である。だが、日本政府は学術会議の独立性を否定し、遺伝子工学や情報科学の専門家ではない行政官である厚労省の技官が主導する専門家会議で、政府の決定を全て追認させる方式をとったのである。

安倍内閣では、突然の一斉休校や、全国一律の緊急事態宣言など迷走する政策ばかりで、どのような性質のウィルスの感染がどこで起こっているかという政策決定の初期条件の情報がまったく欠如していた。その行き着いた先がアベノマスクといわれた布製マスクを膨大に製造して無駄にする愚策である。菅内閣でも安倍内閣の失敗に無反省で、一律の規制か、それとも突然の人流拡大をもたらす旅行・飲食キャンペーンの間における反復横跳びの政策で、五輪の準備として入国検疫の緩和を試み続ける。

さらに、前の章で述べたＰＣＲ検査の拡充に失敗した厚労省の技官の「無症状者の検査不要論」に、大阪維新の会のブレーンとみなされてきた橋下徹氏や、関西マスコミが検査否定論に追随し、専門家分科会会長までもそれに便乗したことが最悪の結果をもたらした。それとともに、「身を切る改革」と称して保健所や公立病院など社会のセーフティーネットを削減し続けた大阪府は、結局、コロナ感染者を放置し、高齢者施設や病院でのクラスターを多発させ続け、日本最悪の（人口当たり）死亡率を出し続けているのである。

フィードバックを失った大阪では事態を反転させるきっかけも生まれぬままに、菅内閣の入国検疫緩和策で、次のアルファ株で大量の「自宅療養」者が生まれ、国民皆保険の病院にかかる権利が失われて多数の死者を出していった。だが、維新支配の大阪府と大阪市では、医療機関を非難したり、飲食店を敵視したりする「敵を作り叩く」政策だけが行われてきた。読売新聞大阪本社と大阪府が包括連結協定を結ぶという、ジャーナリズムとしては自殺行為に陥り、在阪テレビ局は、日本最悪の死亡率をもたらした失政を批判し解明しないどころか、読売テレビのように吉村大阪府知事ら維新政治家を「ファミリー」と公称して繰り返しニュース番組に登場させ、非科学的「対策」をたれ流し続けている。

さらに、変異がオミクロン株になり、大量の感染者が生まれ、高齢者施設や病院が危険にさらされている中で、思いつきで大規模コロナ専用施設を設けて医療従事者を動員したが、閑古鳥が鳴く一方で、高齢者施設で大量死が発生するという事態を招いた。コロナが重症化するのではなく、基礎疾患を持った人が、コロナに罹って原病が悪化するのである。つまり国民皆保険を強化すべき時に、国民皆保険を壊す行動に出るのが維新の「身を切る改革」であった。

結論は明白である。行政官を加えない専門家の会議を設置し、データを集め、開示する。公開の議論をもとに政策を決める。ジャーナリズムは、行われた政策を現場の報道をもとに検証し、社会の木鐸として機能すべきである。

先端のバイオ産業と情報技術がいる

今回のコロナ禍で最も大きな成果は、核酸を薬にしたＲＮＡワクチンの登場である。五〇年周期の医薬品の進化で見ると、一九世紀後半からの血清、二〇世紀前半からの有機化合物、二〇世紀後半からの組み替えタンパク質製剤によるバイオ医薬品に加えて、二一世紀前半のＲＮ

表 3-1　世界の医薬品企業の 2021 年度の売上高ランキングと順位の変動

順位	企業名(国)	売上高(億ドル)	ランキング変動
1	ファイザー(米)	812	7
2	ロシュ(スイス)	687	−1
3	アッヴィ(米)	562	1
4	J & J(米)	520	1
5	ノバルティス(スイス)	516	−3
6	メルク(米)	487	−3
7	GSK(英)	469	−1
8	ブリストル(英)	463	−1
9	サノフィ(仏)	446	0
10	アストラゼネカ(英・スウェーデン)	374	1
11	武田薬品(日)	321	−1
16	ビオンテック(独)	224	新規
19	モデルナ(米)	184	新規
22	大塚 HD(日)	134	−2
23	アステラス(日)	116	−1

研究開発費年 1 兆円のレベルが可能とされる上位 10 社に日本企業はない．上位 23 社までで順位を上げているファイザー，ビオンテック，モデルナはいずれも RNA ワクチンが貢献した．

出所：亀田真由 Answer News 2022/5/18 掲載のデータをもとに作成

A医薬品の登場は、特記に値する。

iPS細胞から明らかになったRNAネットワークを中心とする新しいセントラルドグマの勃興が、先端産業の中心である医薬品産業に大きな影響を与えている。ところが、表3-1に見るように、日本には世界のトップ一〇に入る医薬品企業はなくなる一方、世界最大のファイザーや、新たに一六位となったビオンテック、一九位となったモデルナはRNA医薬品の開発に成功している企業である。

同時に、日本政府の対応の問題は、先端の情報技術に対する無知である。コロナ濃厚接触の可能性を伝える接触確認アプリCOCOAに見られるような情報技術の崩落である。この情報技術の確立については後に先端産業政策と併せて詳しく述べる。

2　少子高齢化に対応した新しい産業革命

社会保障費削減と低成長の悪循環を断ち切る

コロナでカタストロフを繰り返した日本の救急医療をはじめとする感染症への対応の失敗は、医療あるいは社会保障全般に共通する問題につながっている。ここでは、コロナ禍の短期の周期と、国民皆保険の脆弱化の長期のカタストロフが重なっている問題があった。

長期の医療と社会保障のカタストロフはさまざまな面で待ったなしの状況になっている。日本での死因で最も多いのはがんである。日本の人口は減少しつつあるが、がんでの死亡数はむしろ増加している。がんの遺伝子異常のゲノム診断や、さまざまな治療手段により早期診断した場合の治癒率は向上している。亡くなるのは、再発や転移を伴う進行がんにかかったためである。また人口の高齢化に伴い、高齢者に多い大腸がんや膀胱がんでの死亡者が増えているのである。

がんの治療後の再発は、治療薬に耐性のがん細胞が生まれてくることによる。転移は、がん細胞にとっては発生した臓器とは異なる、酸素や栄養の供給も乏しく生存しにくい環境に適応して増殖するがん細胞が生まれてくることによる。

こうしたがんの進化ともみえる悪性化はどのようにして起こるのであろうか?

この場合もウィルスとよく似たメカニズムが考えられる。最初の治療を受けた腫瘍にはさまざまな変異を持ったがん細胞がある。増殖の盛んな細胞は、変異も多く治療が効きやすい。しかし腫瘍の中にあまり増殖が早くなく、変異も少ないがん細胞があれば、これは残存する。この細胞が増え出し、そこにまた増殖を加速化する変異が起これば、がんは一気に悪化する。

それに対して、今の政府での対応は、まだ早期がんの対応策のままである。早期がんでは、切除なり、薬なり、放射線なり、明確な治療方針で対応しやすい。それに対して進行がんは、長期化し、繰り返し起こる腫瘍に、さまざまな変異があり、組み合わせの治療が求められる。だが、最初の診療科から、転移した臓器の別の診療科を回らねばならない。大腸がんで最初、大腸を切除して肺に転移があれば、呼吸器外科で対処する。次に肝臓に転移すれば肝臓外科で切除となる。その上で、放射線や化学療法も行うこととなる。そうするといろいろな診療科、病院をまわり誰が主治医かわからなくなることが多く起こっている。

今は入院期間の短縮が求められ、がんの療養も外来通院が圧倒的に多くなり、がんというと入院が普通であった以前の治療とは大きく異なってきている。治療法は進歩しつつあり、大腸がんの肝臓転移のようなステージ4という最も進行したステージでも、五年生存率が改善し通院で長期の療養となる場合が多い。

しかも、今の日本の社会保障費抑制政策では高齢化に伴う疾患の増加に正面から向き合う方向は示されない。社会保障費の議論では、予算の中で占める割合だけが計上され、家での療養にかかる費用は軽視される。日本の政府と厚労省の議論は、がんと治療法の「進化」を理解していない。ただ入院日数の削減だけが指標として追求される。コロナ対策の場合と同じだ。だが、世界の経済では健康医療産業の比重が増し、社会サービスの従事者の雇用が増加し、ここが大きな成長産業の一つになっている。

グローバル化は、既存の製造業へ、後発国の労働力の参入と競争激化を生む。再生可能エネルギーと蓄電池、情報通信技術、バイオ医薬など先端産業技術で遅れをとればとるほど、中国や東南アジア、東欧各国からのグローバルな労働力の投入で、安い労働力との競争が必須になる。競争力を低下させた日本の製造業は安い労働力と市場を求めてアジアに進出せざるをえず、国内産業の空洞化が進む一方で、大量に外国人技能研修生を受け入れて、安い労働力の確保に向かう。それがますます日本の競争力を失わせてきたのである。

社会の情報革命が進むにつれ、育児、教育にかかる経費は増すが、日本の政策は社会保障費だけでなく、教育費の公的支援も少ない。とくに高等教育への支援が低く、研究職が削減されており、世界の流れに逆行している。非正規労働者を増やし、円安と実質賃金切り下げで輸出競争力の低下を補う政策が続くと、若い世代は結婚し子どもを生むことができず、少子高齢化に拍車がかかり、それが社会保障を削減させて、また経済成長率を低下させるという悪循環を生んできた。

社会保障費は社会の維持に必要な費用である。公的扶助がなくなれば、高齢者には、家族や地域で扶助する私的扶助しかなくなる。「寿命をわきまえよ」というような高齢者切り捨ての議論は結局、家族の負担を増すだけで、老老介護や、ヤングケアラーの問題を生み出すだけである。

生産年齢人口の減少

五〇年周期のコミュニケーションの変化が人間の相互作用を変え、エネルギーの大転換が地球温暖化に示される人間と自然の境界条件の変化を求める。二重のカタストロフで崩落していく日本でどのような対応が求められるのであろうか。

現代カタストロフ理論によれば、カタストロフの起こる局所で周期的な事象が引き込まれる「縮約」によって本質的なメカニズムが顕現する。二〇二二年五月七日にテスラのCEOであるイーロン・マスクがツイッター上で「出生率が死亡率を上回るような変化がない限り、日本はいずれ存在しなくなるだろう。これは世界にとって大きな損失になる」とつぶやいたことが話題になった。ここでは少子高齢化が経済衰退やデフレの原因であるといった思いつきのレベルの話題を問題にしたいのではない。逆である。カタストロフは大きな断続的変化だが、その背後に複雑なメカニズムを抱え込みながらそれを「縮約」しているのだとすれば、日本経済の

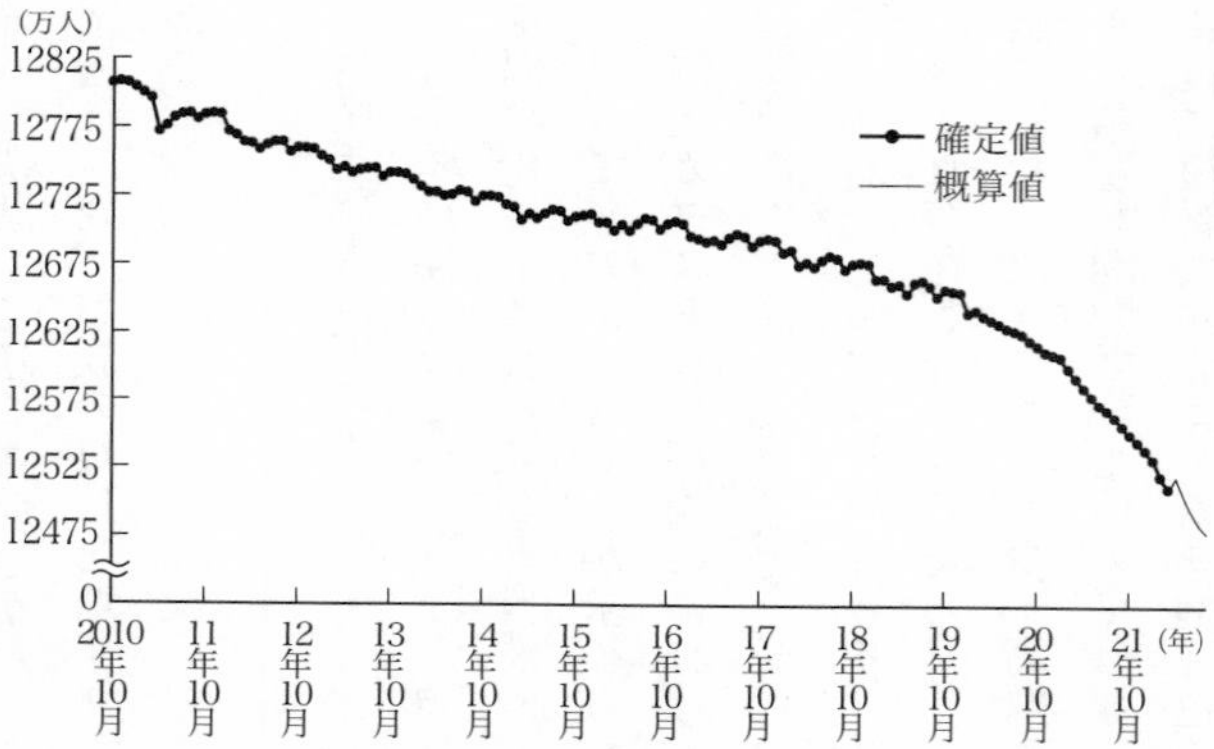

出所：総務省統計局「人口推計」2022年3月確定値(2022年8月22日公表)

図3-2　カタストロフに向かう日本の人口減少

衰退の中で、少子高齢化と人口減少こそは人々の目に直接見えながらその背後に本質的な変化が「縮約」されたカタストロフと見なしていいだろう。実際、日本の基本的な生産力に関わる要素の中で、この間最も注目されるのは生産年齢人口(一五～六四歳)の減少である。

二度の石油ショックという五〇年前の新たな周期の始まりから、出生数の低下は大きくなる。それでも九〇年代前半にやや安定した出生数が、九〇年代後半からまた下がり出し、二〇一五年以降止まらなくなる。実は九〇年の不動産バブルの崩壊から本格的な不良債権処理が行われず、一九九七年に北海道拓殖銀行、山一證券、九八年の日本長期信用銀行や日本債券信用銀行が経営破綻する金融危機が引き起こされた。深刻な不良債権問題に経営責任を問われることはなく厳格な査定は行われずにずるずるとした対応しか行われず、逆に労働者派遣法改悪に見られるような雇用制度の改悪が行われた。

第一章の図1-3(六〇頁)~図1-5(六三頁)にあるように、非正規雇用がこの時期から急増し、生産年齢人口が減少するまで雇用の悪化が続いた。この雇用制度の悪化は、景気循環の回復期にも実質賃金の上昇が起こらない「失われた三〇年間」を固定化させることになる。バブル経済のツケを雇用ではらう結果となり、後述するように婚姻率の低下と出生率の低下が恒常化していった。

前頁の図3-2は、日本の総人口の減少が、コロナ禍の中で急激に加速化し、カタストロフを迎えていることをよく示している。

イノベーティブ福祉国家

日本社会のカタストロフの検証として人口問題をもう少し詳しく見てみよう。内閣府の資料で見ると、都道府県で一貫して出生率が低いのは東京であり、最も高いのは沖縄県であり、宮崎県、島根県が続く。出生率の高い理由として、地域での子育てのしやすさ、親との同居率の高さなどが挙げられるが、雇用の安定率が高いことも重要視されている。

二〇二〇年と二一年で見ると、沖縄県は全国で唯一、人口増加が続いている。一方、東京都は二〇二〇年までは移住による人口増が続いていたが、二〇二一年は初めて減少に転じた。神奈川、千葉、埼玉などの首都圏も東京と同じく、二〇二一年に初めて人口が減り始める（総務省統計局HPの「人口推計」結果による「都道府県別人口増減率」の図を参照）。

図1-3（六〇頁）で見たように、生産年齢人口（一五〜六四歳）は、金融危機があった一九九七年以降の約二〇年間で一〇〇〇万人も減少している。その中で、東京は生産年齢人口が国内最高であり、日本中から東京を中心とする首都圏の都市部へと若い年齢の人々が集まったうえに、出生率が低下している。それが日本の人口減少の特徴的なメカニズムになっている。

これで見ると、生産年齢人口の減少は、先端的産業からの退却（日米半導体協定）と金融バブル（不動産バブル）にのめり込み、都市圏への資産価格上昇のバブル政策で失敗した処理策のツケを、雇用制度の問題に置き換えたためといえよう。人口減少はカタストロフの原因というよりも、カタストロフの結果といえる。

景気循環の後退期において、雇用制度を改悪すれば、非正規雇用など不安定化する若い世代の婚姻率の低下、出生率の低下は避けられない。一度、こうした悪循環に入ると、経済成長はなくなり、財政赤字は拡大し、社会保障費の財源は減衰し、また子育て、教育、失業対策、高齢者福祉、医療と介護のセーフティーネットが破壊されていくことになる。

日本の国民皆保険は、出生前後の周産期死亡を減らし、がん検診などの早期発見を進め、老人医療の経費補助など高齢者医療を支え、寿命の延長を促してきた。また健康寿命の延長により出生率の低下する中でも生産労働人口を保ってきた。それが一九九七年からの雇用制度改悪と削減により、出生率の低下に歯止めがなくなってきている。

ちなみに、アベノミクスが雇用を増加させたという誤った宣伝が行われているので、最近の動向をもう少し詳しく見ておこう。この間、増えている雇用は高齢者の非正規雇用だからだ。団塊の世代(ベビーブーマー)が二〇一〇年以降、六五歳以上になり、二〇一五年に七〇歳以上になって非正規労働者化していき、最大多数の人口(団塊の世代)が生産年齢から抜けた後を、出生率の低下で少なくなった若年層の雇用が穴を埋めたためである。それは若者の保守化を生む一因になったと考えられるが、経済政策の効果というより人口構成の変化による。二〇二〇年前後から団塊の世代の退職と非正規雇用化が一段落ついてきたが、他の先進諸国と違って、新型コロナウィルスの流行とともに再び少子化が一層進んでいる。この少子化は将来の日本経済の縮小に関する人々の予測の結果だと考えて良いだろう。

その再建は容易ではない。現在、当面のスタグフレーションに対して生活を防衛するだけでも大変である。ガソリン税のトリガー条項の凍結解除、消費税の時限的減税、最低賃金引き上げや年金引き下げの補塡など低所得者の生活保障などは必須である。だが、これらが五〇年周期の先端産業の生育の失敗と、社会保障費削減によるカタストロフだとすれば、短期の政策だけでなく、中長期の政策も同時に実施していかなければ、問題は根本的に解決せず、新たな「安定的な構造」が生まれない。

これまで述べてきたように、システムとシステムの相互作用から生まれるカタストロフのメカニズムを考えると、単一のメカニズムでの「安定的な構造」の再構築は不可能であると考えられる。エネルギーと情報の五〇年周期の大転換を迎える中で、一方での「エネルギー」の転換、「情報技術」の発達による分散型の新しい産業革命での雇用の安定化と、他方での「社会保障の再構築」による子育て、教育、医療、年金の再構築というクルマの両輪が必須になる。まさに北欧諸国の「イノベーティブ福祉国家」(倉地真太郎明治大学政治経済学部専任講師が、デンマークを初め北欧諸国が高い福祉水準を保つとともに積極的なイノベーションや雇用政策をとっている政策変化をこう表現している)こそが求められている対応なのである。

そして、九〇年のバブル崩壊から始まった格差拡大を加速させる社会保障費の削減は、両者の問題が重なり合っている。コロナだけでなく、がん医療でも悪循環を生み出す。増えている病気とは進化するシステムであり、変異するウィルスに対応するワクチンや、治療薬を開発するという先端的なチャレンジであり、感染拡大の緻密な抑制を進める情報技術や、検査技術を発展させるチャレンジである。

3　先端産業の衰退を克服する

日米半導体協定以降の産業衰退

高度成長後の、日本経済の先端情報産業への急ブレーキは、一九八〇年代後半の日米半導体協定から始まる。そこから金融立国（あるいは金融ビッグバン）と称する先端的産業技術の軽視とバブル経済への依存が始まり、九〇年代バブル崩壊の中で、半導体産業は壊滅的な崩落を経験する。

バブル崩壊の中で、競争力を失った電機産業の大企業を原発で持たせようとする政策（原発ルネサンス計画）は二〇一一年の福島原発事故で大打撃を受ける。それからデジタル化が標榜されるが、デジタル化は基盤に対する圧倒的な資金投資と、多数対多数の情報空間の中での、情報検索、ＳＮＳ、生活サービス産業、物流などへの集中的な投資と、人材育成のために情報科学への教育投資が必須となる。

第一章で見たように、情報技術は、英米における暗号解読と軍事目的のネットワークの形成から始まる。日本においては民生用の半導体産業の急成長に対し、ダンピング禁止と外国製半導体の輸入割当を決めた日米半導体協定による抑止策がとられたことが、日本の情報産業に対して致命的な影響を与えた。それに加えて、方法論的個人主義に基づく新古典派経済学をベースにした「新自由主義」の政策は、科学技術に「成果主義」という近視眼の政策を持ちこみ、国民皆保険という日本の成長を支えた社会基盤の掘り崩しが急速に進んでいった。また国立大学の独立行政法人化と大学予算の削減政策やポスドクの大量生産に示される大学教育の「新自由主義」政策は、日本の科学技術に決定的な打撃を加えた。

日本の教育システムの中では、革命的に進行した情報科学の教育への取り組みはバブル崩壊の中で、決定的な遅れを見せた。コンピュータサイエンスを研究・教育する大学の学部や課程の設置は遅れ、自由な研究者の集団が形成されなかったために、バブル崩壊に伴う電機産業の継続的なリストラと企業合併とともに、民生用半導体の製造業で形成されていた優位性は瞬く間に失われた（拙著『新興衰退国ニッポン』（講談社、二〇一〇年）参照）。

バブル経済の崩壊の中で無責任なゾンビ企業（債務超過で事実上経営破綻している企業）の政策的

な維持は、エネルギー、情報の産業大転換に決定的な遅れをもたらす。その行き着いた先がアベノミクスであった。その中で、ひたすら社会保障費削減が追求され、新型コロナ対策に失敗して国民皆保険制度を破壊して大量の死者を出しただけでなく、生活サービス産業や、高齢化対応の社会保障関連の産業への投資も決定的に遅れ、円安と低賃金依存の輸出主導の景気維持政策は、「日本病」と呼ばれる先端産業の急速な瓦解をもたらした(拙著『日本病』参照)。日本の情報産業はゲームとアニメに依存する奇形的なものとなった。

ではなぜ、日本における情報革命は成功しないのであろうか。それは、情報革命がフィードバックを前提とするものだからである。逆説的であるが、情報は情報だけでは価値がない。現実のフィードバックがあり、情報が価値を生むように生かされて初めて価値を生むという自明のことが軽視されてきた。グローバルな情報化は、もう一方で、地域のサービスや産業という人間の基本的ニーズと結びつくことが必須である。

対外ショックに精密に対処する

情報産業を軸にした日本の産業の再生は、カタストロフを引き起こした世界経済の条件変化に対応したものでなければならない。五〇年ぶりに世界では何が起きているのか。虚心坦懐に見つめてみよう。

まず何より、二〇二二年になっても、新型コロナウィルスの感染の波は続き、米中貿易戦争とデカップリング(分断化)が依然として進む中、ロシアはウクライナを侵略し、化石燃料と食料価格の一層急激な上昇を招いている。先進諸国では五〇年ぶりにスタグフレーションが進もうとしている中で、金融引き締めに動かざるをえなくなっている。アメリカの金利上昇とドル高政策の結果、新興国は物価上昇と債務の増大に苦しんでいる。ウクライナ戦争が長引けば長引くほど、そして物価上昇を抑え込むための金利引き上げが大きければ大きいほど、先進諸国はバブル崩壊、新興国は債務危機が発生していく可能性が高くなる。米中対立が進行すればするほど、そしてサプライチェーンの再建が遅れれば遅れるほど、世界経済は不安定化し、日本経済はカオス的なカタストロフを繰り返さざるをえないだろう。

カオス的なカタストロフを防ぐために求められている経済政策は、少なくとも五〇年周期で起きている事態がもたらす課題に応えるものでなければならない。その意味で、自公政権がとってきたアベノミクスは決定的な間違いであった。金融緩和政策は出口を失い、金利も上げられず、円安を放置してきただけではない。まず何より、こうした世界経済の不安定化の下では、石油ショック以降続けられてきた円安と賃下げに依存する輸出主導経済では、産業の衰退を加速させるばかりで、日本経済の成長を確保できなくなりつつある。米中デカップリング、新型コロナウィルスの流行がもたらした世界経済への悪影響、ロシアによるウクライナ侵略などがしばらく続くと考えると、今の日本に求められているのは対外ショックに強い経済構造と社会システムを作ることである。

そのためには、先端技術分野を取り込みつつ地域分散・小規模分散ネットワーク型の経済構造を作る必要がある。それによって分厚い内需を形成しなければならない。さらに言えば、第二章で述べたように、日本の産業競争力が低下しており、貿易赤字の増大が深刻になっている。工業製品の輸出で貿易黒字が稼げるので、原材料や食料はいくらでも買えるという前提が成り立たなくなった。そうだとすれば、まずは貿易赤字を減らすために、一見逆説的に見えるが、従来の発想とはまったく逆転してエネルギーや食料の自給率を高めることが必要になる。そして、そのためには地域の自律性を重視しなければならない。後述するように、それが世界経済の不安定化に備える仕組みを創るからである。

前述したように、五〇年周期のイノベーションは情報通信技術を応用したエネルギー転換である。ウクライナをめぐる戦争はこのエネルギー転換を一気に推し進める契機になるだろう。後述するように、秋田県の大潟村では村全体を再生エネルギーによって一〇〇%エネルギー自給を図ろうとしている。これが、つぎのエネルギー転換に向かう新たなロールモデルとなるだろう。

そのためには、地域独占で地域経済を吸い上げ、再生可能エネルギー・新電力潰しに狂奔してきた大手電力会社の徹底した解体が日本経済再生にとって不可欠になる。具体的には、公的資金をバックに原発を分離したうえで、発送電分離、発販分離を徹底する電力システム改革の断行が喫緊の課題になる。それによって、地方における再生可能エネルギーの投資を急速に増加させ、蓄電池とスマートグリッド(IoTによる賢い送配電網)によって電力の低廉化と安定化を図るのである。スマートグリッドはまさに天候や需要などを予測する科学に基づいた地域レベルに応じて精密に調整するシステムである。それは国民皆保険体制の下で精密医療に対応するものにもなりうる。

同時に、地方のエッジコンピューティング(ネットワーク周縁部分でデータを処理するコンピュータの手法)を拠点に、中小企業の生産性増加を図るシステムの普及、スマート農業、そしてICTを使った地域の医療福祉システムの構築などが促進されるべきだろう。

スマートフォンの普及によってOMO(Online Merges with Offline オンラインとオフラインの融合)が図られており、二四時間、たくさんの情報を一気に処理できるようになった。それがいくつもの地域経済の弱点を補ってくれる。これまでの高齢農業者や工場の熟練工員たちの手間と勘に頼ってきた地域経済から脱却でき、女性も活用できる農機具や工場作業の革新をもたらしている。しかも小規模分散でも十分に効率化できるようになった。またICTのネットワーク化による設備投資の節約効果も期待できる。とくに農業分野では、ハウス栽培における温度湿度管理、自動運転の耕運機や収穫機による省力化、牛の分娩監視カメラによる省力化、農地における肥料や農薬の管理など、たくさんの活用例を生んでいる。

ICTを使ったネットワーク化は地域医療の効率化も進めている。飯田下伊那診療情報連携システム(ism-Link)が先進事例である。広域連合が主体になり、五つの病院が中核となって、診療所、介護施設、在宅看護・介護、薬剤師らを結びつけている。訪問看護師や保健師さんたちが、在宅医療・介護にノート機能を使って情報を共有している。他にも、ICTを使った遠隔医療やブロードバンドを使った血圧・脈拍、血中酸素などの健康データ管理もできる。こうした地域分散型の産業や社会保障のあり方は、財源と権限の地方分権化を伴うことで、行政と産業や生活を一体化できる。

もちろん、これらは省エネ、エネルギー、インフラ、建物、耐久消費財などイノベーション投資を誘導する。格差を是正する所得再分配は不可欠だが、若い世代が結婚し子育てができるよう雇用を確保するために、新しい産業構造への転換を促す政策が求められる。それは財政金融政策によって需要不足を補う短期的なマクロ経済政策ではなく、またかつての重化学工業と違って、国家主導で上からの巨大投資が主導する産業政策でもない。知識経済に基づく研究開発投資主導によって新しい産業と雇用を創出する政策である。さしあたりモデルになるのは、前述した北欧諸国の「イノベーティブ福祉国家」であろう。

こうしたシステム作りには、幅広い地方のすそ野にたくさんの情報通信企業を育成しなければならないが、そのためには地方大学の情報工学や遺伝子工学の人材育成が必須になる。一九九〇年代から続けられてきた大学予算の削減政策は根本的に転換しなければならない。

では、こうした改革は誰が担うのだろうか。ドイツのメルケル前首相が登場以降、フィンランド首相のサンナ・マリン、ニュージーランド首相のジャシンダ・アーダーン、スウェーデン前首相のマグダレナ・アンデションら女性政治家の活躍が目立っている。コロナ禍と戦争の時代だからこそ、命を大事にし、地べたから生活(産業と雇用)と子育てを考えられる女性のリーダーシップの台頭が求められているのである。

以上見てきたように、地域分散・小規模分散ネットワーク型経済構造は、こうした人間生活の基本ニーズに当たるエネルギー、食と農、健康医療を、先端技術をも利用して立て直す。それは、中央集権、大量生産大量消費のシステムと大企業優先、男性中心の社会システムから、地方重視、中小企業や農家が主体、女性がリーダーシップを持つ社会に転換させる。そして、それはよりフラットなすそ野の広い民主主義社会を創り出す。それによって、まるで封建時代に逆戻りしたかのような三代目の世襲政治家が首相や閣僚を占め、社会的流動性が著しく低い現状を打破していくことができるのである。

求心力と遠心力

地域分散・小規模分散ネットワーク型経済構造への転換のキーファクターになるのは情報通信技術である。その役割について、改めて正負を含めて冷静に分析することが必要である。誰の目にも明らかな日本の情報革命への対応の失敗は、カタストロフとして認識され、「デジタル化」が切り札のように言われている。だがデジタル化は、一方で膨大な投資のデジタル化の基盤技術と、もう一方で多数対多数のコミュニケーションへの情報民主主義のルールの確立が急務となる。

第一章で述べたように、五〇年周期の大きな原動力として社会のコミュニケーションの変化がある。一九二〇年代からの無線通信と電話を基礎にした新聞(大衆紙)とラジオと映画が支配的なマスコミュニケーションの時代になり、アメリカの知的所有権のルールがその寡占化を可能にした。そこから次の五〇年は、テレビとメインフレームによる支配の時代になる。日本においても情報化とはメインフレームによるネットワークで、ATMなどの銀行業、みどりの窓口など独占的交通産業、コンビニのPOSシステムなどが支配的な時代になる。

だが、情報技術の革命は、分散化にも向かう。一九八〇年代からの技術進歩は、分散処理、個人への情報技術の展開がパーソナルコンピュータと、スマートフォン(スマホ)の急速な成長をもたらす。その一方で、ベトナム、中東での戦争を繰り返すアメリカ軍も、情報技術に膨大な投資を行う。そこでは従来の重厚長大の産業から、ピンポイントな精密情報技術に集中的投資が行われる。暗号解読と諜報機関、軍事用ニーズから、衛星写真や位置情報、個人認証、画像認識などが急速に進められる。わが国においても警察向けの自動車ナンバー認識のNシステムに最も大きな全国レベルの投資が行われる。

それらは民生用にも急速に応用される。一方でディストピア化(ジョージ・オーウェルのSF小説『1984』が描いたディストピア世界)へのカウンターカルチャーも重視され、アップルがビッグ・ブラザー(『1984』に登場する「独裁者」)を敵視する企業とするイメージ戦略で成功する。文化に立脚したルールのある情報文化の発展が求められ、アメリカのCPU産業を基礎に、個人用の情報技術のインテグレーションに成功したアップルやマイクロソフトがその覇者として確立していく。市場原理主義の建前とは裏腹に、ルールの独占を目指す知的所有権制度がWTO(World Trade Organization 世界貿易機関)のような世界の貿易の仕組みの根本原理とされた。

あらためてフロンティアとイノベーションという面から情報通信技術の役割を考えてみよう。資本主義は、「地理的な発見」以来、絶えずフロンティアを求めて資本の活動領域を拡大していく傾向を持つ。そして、フロンティアが限界に達すると、絶えず新しい領域を求めてゆく。五〇年前のコンドラチェフの波の底においてスタグフレーションが起きた時には、ケインズ経済学を批判するマネタリスト、サプライサイド経済学、合理的期待形成学派などの新たな新古典派経済学の潮流が台頭して「新自由主義」が興隆し、医療や教育などの公的領域さえも資本の活動領域に変えて食い尽くそうとしてきた。それが格差の拡大をもたらし経済衰退をもたらしてきた。

今は「情報資本主義」が、時間も空間も人間の肉体的な処理量の限界をも超えて、新しいフロンティアを求めて動いている。もちろん、それはバラ色ではない。情報資本主義は、本来的に有する求心力と遠心力、集中と分散という、相反する力が働いていることに注意しなければならない。求心力は集中、独占、支配を生む傾向を持ち、遠心力は小規模分散を可能にし、フラット化と平等化、個別化と精密化、民主主義の志向をもたらす。

とはいえ、情報の求心力は、ビッグデータを創り出し、情報通信、金融、バイオ医薬、自動車、エネルギーなどで膨大な情報を集積する。膨大な情報は新たな技術開発の基礎となりうる。それゆえ、求心力は巨大な開発投資を必要とさせ、大資本が合併を含めてますます巨大化する傾向を持つ。加えて、ハードとOS(オペレーティング・システム)とソフトは一緒に開発されるがゆえに、技術開発は累積的に進む。実際、GAFAや巨大医薬企業や自動車会社のような巨大企業が独占を形成し、世界市場を支配する。それはしばしば国家権力と軍事技術との結びつきを強め、情報通信技術の発達に基づいて人々を支配する傾向を生んでいる。

新型コロナウィルスの世界的流行の下で、流通業はITを使った通販の拡大、金融業はコンピュータによる高頻度取引(high-frequency trading)による金融取引、製薬業はヒトゲノム解析に伴うコンピュータ・シミュレーションを組み込んだ医薬品開発、情報通信業は軍事の無人兵器や誘導兵器の開発、自動車産業はEV(電気自動車)と自動運転、無人工場化など、情報独占を加速化させて、膨大な技術開発費を投ずれば投ずるほど莫大な利益を得るようになっている。

その一方で、情報通信技術を用いた金融資本主義は、バブルからバブルへ渡り歩く経済体質を増幅させ、大都市不動産と金融商品価格の高騰をもたらし、取り返しのつかない格差の拡大を生み出している。ネット取引の拡大はますますコミュニティを破壊し、地方の疲弊、女性非正規雇用の拡大などをもたらした。無人兵器はたしかに軍隊の犠牲は減らしたが、一般市民の犠牲を拡大させる。政権が情報通信を使ったネット世論の操作可能性を拡大させ、個人情報管理による公安権力化が進み、既存ジャーナリズムを衰退させる。

だが、情報通信技術の発達は、クラウドで情報集積の分散を図り、同時に小規模分散型の情報管理を可能にする一方、エッジコンピューティングのような情報の地域分散処理へと向かう遠心力を持っている。情報産業に本来的な革新（変異）を生むのは、しばしば地域ごとで形成され動くエッジコンピューティングのような多数の地域分散型のシステムである。全国的にネットワークでつながりながらも、地域地域で個別のニーズに応えて精密に対応することが可能になる。

相互に働き合う求心力と遠心力、集中と分散は、絶えざるルールと場の設定の変化に伴って動いていく。それが情報通信産業の活性化をもたらすはずだが、後で詳しく述べるように、個々の情報人権を無視して全ての個人情報を集中的に管理することで、極めて効率的なシステムができがちだが、それは独占と支配を生んでしまい、自由を失わせるがゆえに、次第に活力を失ってしまう。その一方で、地域で次々と新しい変異が生まれすぎると、システムは連携を失い、自壊してしまう。公正なルールセッターが不可欠になる。

情報資本主義の「進化」に対応する

情報の求心力と集中は、繰り返し述べたように世界に取り返しのつかない格差を拡大させる。同じモノを大量に生産し大量に消費する重化学工業時代は終わったが、大量の情報(ビッグデータ)を動かし、金融や流通を通じて人々の支配を可能にする面が強まっている。新型コロナウイルスの世界的流行、ロシアのウクライナ侵略戦争は、金融所得者とエッセンシャルワーカーの間の格差を極限まで広げていかざるをえない。

現在は、二つの異なるバブルが並行して起きている。ひとつは、従来型のバブルの繰り返しである。二〇〇八年一一月に、固定資産投資を中心とした四兆元(当時の為替レートで五七兆円)の中国の景気対策によって、リーマン・ショックによる景気後退から回復し、G20の経済台頭をもたらしたが、それが新しいバブルをもたらした。中国でも証券投資(影の銀行)の手法が導入された。国際決済銀行(BIS)によれば、リーマン・ショック前の二〇〇七年からちょうど一〇年たった二〇一八年時点で、すでに世界全体の金融機関を除く事業会社や家計、政府部門の債務残高が約一八〇兆ドル(約一京九〇〇〇兆円)になり、およそ一・六倍に膨らんでいたのでである。そして二〇二一年になって、いよいよ中国の不動産バブルは崩壊を始めた。

いまひとつは、リーマン・ショックから「進化」したアメリカのバブル手法である。先に述べたように、債権流動化のために組成された証券化商品の元になる証券(住宅ローン担保証券や中小企業の社債など)をFRBが買い取るという従来の中央銀行の範囲を超える手法だけではない。アメリカの金融は、規制当局の新たな規制を乗り越えるように「進化」していく。リーマン・ショック後、「ボルカー・ルール」と称するオバマ金融規制改革によって、銀行やヘッジファンドに一定の規制がかかった。しかし、SEC(米国証券取引委員会)とCFTC(米国商品先物取引委員会)の統合提案が見送られ、規制の抜け穴ができた。規制の緩いCFTCの下で、商品先物投資顧問業者のCTA(Commodity Trading Advisor)が台頭してきた。

CTAはコンピュータのプログラムによる高頻度取引を駆使し、トレンド戦略と分散投資に基づいて儲けるように動く。コンピュータ取引による商品先物ファンドは、株式先物を含むあらゆる領域の先物取引に関して、瞬時に動向をとらえて儲ける。先物取引というリスク回避手段が、リスク回避という本来の目的を飛び越えて、わずかな時間差(処理速度)と取引量の大きさによって巨大な儲けを生む仕組みに変貌したのである。

あらゆる領域の先物取引についてコンピュータの自動プログラムによる大量の高速取引を用

いて、わずかな価格差の動きを捉えて、わずかの時間差でも大量に取引するので、極端に言えば、基本的な経済指標を無視してでも先物価格を動かしうるし、時にはオーバーシューティングを引き起こす。それが、今回のコロナ禍やウクライナ侵略などに伴って株式市場において一〇〇〇〜二〇〇〇ドルもの大幅なボラティリティ(浮動性)が生じている背景なのである。

ウクライナ侵略の長期化でスタグフレーションが深刻化するにつれ、FRBは利上げを続けていかざるをえない。その結果、アメリカのバブルの崩壊が起きる危険性が高まっていく。二つのタイプの異なるバブルの崩壊が重なった場合、世界経済は極めて深刻な危機を迎える可能性を高める。そしてバブルの崩壊は一層の格差拡大をもたらす。金融資本主義と情報資本主義の行き過ぎは、あまりに大きな格差拡大をもたらすがゆえに、EU諸国が試みているが、社会的規制が必要になってくるだろう。

バイデン米大統領のアメリカをはじめとするG7諸国は、石油・ガス資源をめぐる最後の戦争において激しい対立を繰り返している。G7はロシアの軍事費の財源を断ち切るために、オリガルヒに制裁を加え、金融と化石燃料に経済制裁を加える。他方、ロシアは民主主義体制の弱点を突いて、化石燃料と食料の高騰をもたらし、選挙民に影響を与えることによってG7の政権基盤を揺さぶる。

前に述べたように、「自由と民主主義」対「専制主義」という二つの「陣営」同士の対立に見えるが、実は両者はくっきりと別れているわけではない。「自由と民主主義」の陣営においても、金融資本主義を継続させ、バブルとバブル崩壊を繰り返して取り返しのつかない規模の格差を拡大させている。それは、絶えず移民排斥やナショナリズムを内部に創り出し、情報資本主義を媒介にして分断化を増幅させている。プーチンの路線は他の国々の内部に共鳴板を作り出す。実際、プーチン露大統領の動きは、ウクライナ開戦の前まで、トランプ元米大統領、安倍晋三元首相、ル・ペン仏大統領候補らの動きと連動していくことを特徴としていた。移民排斥やナショナリズムは、情報資本主義内部における対立関係を作りだし、国境の外部と内部を溶解させながら、世界全体の分断化を加速させているのである。

不安定でないデジタル化がいる

ネット社会の通信基盤の確立は、コミュニケーション手段として多数対多数のコミュニケーションの可能性を開く。そこではグーグルが膨大並列計算の基盤を持った寡占企業として検索技術を普及させることに成功し、多数対多数のデジタル情報空間が一気に成立する。

第一章で述べたように、大きな五〇年周期とは、社会システムの構造を形成する人々のコミュニケーションの仕方が大きな原動力となる。これまでの五〇年間は新聞やテレビが情報源である一極集中だったが、ネット社会に移行すると、多数対多数の情報空間が成立し始める。だが、情報民主主義のルールのないままのデジタル化は、それまでの新聞やテレビの「安定的な構造」のカタストロフをもたらす。どちらかと言えば、高齢者はテレビと新聞を「信用」し、若者はテレビと新聞をほとんど見ず、スマホの情報に頼る傾向が生まれている。ただし依然として両者は併存しており、わかりにくい面もある。だが、その次の構造は、まったく異なる原理が次第に支配するようになるだろう。多数対多数のネット上のルールなきコミュニケーションでの支配的な負の影響力は、理性と論理性に欠けた短冊状の文章で表現される「感情」が持つことになる。ネット上の言説ではポピュリズムと、グローバリズムに抵抗するナショナリズムが支配的になってきた。そして「世論」の分断はなかなか克服されにくくなる。

世界各国での石油ショック以降の経済において、金融拡大をもとにしたグローバリズムが席巻し、政治では新聞・テレビの独占的マスコミがマスコミュニケーションを支配していた「安定的な構造」の転換点がやってくる。

リーマン・ショックによる世界金融危機は、欧米先進国への中国と東欧の労働力の急速な提供をもたらした。中国の不動産市場を基礎にした金融拡大がリーマン・ショック後の金融危機を支え、中国のグローバル市場への参入と経済成長が世界の産業構造を激変させてきた。これに対して欧米先進国では、それ以前からアジア諸国の製造業への挑戦に対し、生活サービス産業への転換と研究職、知的職業への転換が目指されていく。

しかし、その反作用として、グローバリズムを標榜してきた英米諸国の政治において、ネット政治とポピュリズムの影響が大きくなってきた。英国のジョンソン元首相と、米国のトランプ前大統領のポピュリズム政権の成立は、こうした旧来の製造業の崩壊（＝カタストロフ）への抵抗を生み出し、移民排斥を煽り、それに依拠するウェブ政治を成立させる転換点を迎えた。

同時に、アメリカの情報技術を駆使した一国覇権は、化石燃料資源の集積地である中東諸国で激変を引き起こしてきた。湾岸戦争、イラク戦争と、イスラエルの中東の支配的地位をもたらしたアメリカ一国覇権は、逆に中東諸国のナショナリズムをもたらし、アメリカは人的被害の拡大にアフガニスタン、イラクからの撤退を模索せざるをえなくなった。それにつれて、サウジアラビアのような化石燃料資源国ではムハンマド・ビン・サルマーン皇太子によるジャーナリスト殺害のような強権支配が強まっていく。そこに情報基盤の強権政治による支配を特徴とするロシアのウラジーミル・プーチン政権と、中国の習近平政権が、人的被害を物ともしない強権政治によるディストピア化を進めるようになったのである。

新型コロナウィルスのパンデミックが起こった当初は、英国のジョンソン政権も、アメリカのトランプ政権も、変異しながら進化するシステムとしての新型コロナウィルスの深刻さを理解せず、習近平中国政権のロックダウンを嘲笑し、スウェーデンの公衆衛生学者アンデシュ・テグネル博士の集団免疫論に依存し、中国を批判するだけの時代遅れの対応を正当化しようとし、アメリカ一〇九・八万人、イギリス一九・五万人の不名誉な死者を生み出した。北欧においては人口一〇〇万人あたりで(二〇二二年一一月七日現在)、スウェーデンでは二〇二二人と、デンマーク一二六九人、フィンランド一二一二人、ノルウェー七六四人と比べて群を抜いて多数の死亡者を出した。それとて二六七四人死亡のプーチン・ロシアからみればいい方ではあるが。

結論として見ると、デジタル化だけに依存するプランは、不安定化を増してカタストロフの次の「安定的な構造」を生み出すのに失敗するしかない。一方、強権的ディストピアが代替にならないのは自明である。

情報人権と情報集中

情報通信産業の台頭と世界一速いエネルギー転換によって急速に台頭してきた中国経済に対

して、アメリカのトランプ政権は「アメリカ第一」を掲げて「貿易戦争」を仕掛けてきた。バイデン政権になっても情報通信産業やバイオ医薬産業などの先端産業での米中戦争は継続している。いまや情報技術と基本ＯＳにおいて、世界はデカップリングが進んでいる。

先端産業とりわけ情報通信産業の競争は、経済学のナイーブな比較優位説に基づいて市場で行われているのではない。それは優れて国家戦略に基づいた闘争的な交渉で行われており、しばしば軍事戦略とも強く結びついている。他方で、マリアナ・マッカートが明らかにしたように、アップルのiPhoneでさえ、国防総省高等研究計画局を初めとする政府の研究機関や軍事研究から作られたさまざまな技術からできている（『企業家としての国家』薬事日報社、二〇一五年：英語版二〇一四年、第五章）。あるいは、グーグルが得意とする自動運転や地形認証システムは軍事技術と同じ基盤技術である。さらに軍事的な安全保障にとって情報の支配が重要になる。かつてのパクス・ブリタニカでは無線通信とチューリングの暗号解読技術がそうだったが、いまやＮＳＡ（米国家安全保障局）のエシュロン、ＦＢＩのプリズム、マラードという三つの人工衛星でスマートフォンや携帯電話の暗号通信が盗聴できることが知られている。

さらに情報通信産業にとって開発は、ハードとソフトウェアは一体的になされている。いまや半導体の演算能力は一年半から二年で二倍に増加するというようなムーアの法則が終わり、実はＡＩ化するにしたがって、グーグル、アマゾンも自ら半導体を開発するようになり、ハードと一緒にソフトが開発されるようになっている。この点でもアメリカは先端技術については国家戦略的に動いている。先端の半導体はアメリカ国外には出さず、追いついてくる者は潰そうとしている。

日本は中曽根政権の下で、強いナショナリズムを掲げながら、その実は新自由主義のイデオロギーで産業戦略を「武装解除」してしまい、一九八六年に日米半導体協定を受け入れ、日本の半導体産業を潰していった。その結果として、台湾のＴＳＭＣ（Taiwan Semiconductor Manufacturing Company）や韓国のサムソン電子の追随を許していった。アメリカは今日の米中戦争においても同じような半導体戦争を続けており、中国の半導体の弱点と台湾の半導体企業ＴＳＭＣをめぐる半導体戦争という面を無視できない。さらには安倍晋三元首相と今井尚哉政務秘書官の下で、経産省の大失敗した原発輸出路線にのめり込んで、医療機器、センサー、半導体など東芝のさまざまな先端産業分野を潰してしまった事例を典型として、産業衰退を深刻化させてきた。

中国は米中貿易戦争でファーウェイなどが圧迫を受ける中で、新型コロナウィルスを封じ込める過程で、情報通信技術を利用して、国民全員を管理するイントラネット化の方向をたどるようになった。ＯＭＯ（オンラインとオフラインの融合）を通じて、スマートフォンが二四時間、感染症や災害を防止するシステムを構築しつつある。それは反面で二四時間、顔認証から個人データを掌握し、利便性を強調しながら個人を徹底的に監視するディストピアを生み出す危険性をはらんでいる。アリババのジャック・マーの行方不明事件が起きているように、米中貿易戦争で後退させられた中国の情報通信産業は、いまや一四億人の人口を相手にしたディストピア化で生き延びさせられようとしており、こうした自由と情報人権の無視はかえって情報通信産業の自由と活力を失わせ、産業の衰退を招く危険性を秘めている。

これまで述べたように、新型コロナウィルスも一つの変異株だけで占められてしまうと急速に自壊していく。経済と科学技術の発展も、異端の学説との論争と緊張関係が存在し、次々と多様なイノベーションが起きている状態の方が安定している。多様性が消えてしまうと、情報通信産業もカタストロフに向かってしまう。その意味で、自由と多様性を保証するセキュリティの技術こそが、実は産業活力を保証するのである。匿名化技術や生体認証、個人情報へのアクセス者を知る権利の保障、スマートフォンの本体での個人情報を保護する機能など、プライバシーと情報人権の保護こそが先端技術の重要な分野となっている。日本は、その点でも非常に遅れており、脆弱化している。

公正なルールと文化の再建

情報人権は情報資本主義の発展にとって不可欠なルールであるが、安倍政権が誕生してから、その手前で公正なルールが欠如する社会になってしまった。森友学園の国有地払い下げ問題、国家戦略特区における加計学園の獣医学部新設認可問題、「桜を見る会」とその前夜の食事会での会計問題など、いずれも首相および首相夫人の関与が非常に疑われるのに、それをもみ消すために、公文書まで書き換えた。時の権力者のために、公文書も統計も書き換えられ、事実が隠蔽され、責任も問われず、本人は「桜を見る会」だけで一一八回もの虚偽答弁を繰り返した。正義がまったく通用しない国は、必然的に倫理も文化も壊れていく。これで社会が良くなるわけがない。

小選挙区制度ができてから、自民党の総裁は三代目の世襲政治家がほとんどを占めるようになった。格差が拡大する中で、彼らが政治を牛耳るようになった。一九八〇年代半ばの中曽根政権の「民営化」の結果、ただの国鉄職員からＪＲの経営者になった日本版オリガルヒたちは政治の右傾化の先頭に立ちだした。日本の産業衰退につれ、日本版オリガルヒをはじめ自民党と結びつきの強い企業が国家事業に依存して生きていこうとする志向も強まっている。

一九九〇年代のバブル崩壊以降、日本の産業が衰退し始めると同時に、新自由主義の「改革利権」が産み落とした日本版オリガルヒが経済政策の前面に出るようになった。とくに安倍政権の下では、鉄道、電力、ガス、などの公益企業を牛耳る日本版オリガルヒが、原発の新設や輸出（ただしイギリス、トルコ、ベトナム、リトアニア、台湾などことごとく失敗）、リニア新幹線の建設や新幹線の輸出（台湾以外うまくいっていない）、ロシアの石油・ガス開発（中心であったシェルやエクソン・モービルが撤退）などを国家戦略にしていった。二〇一五～一六年に天下りも復活し、経産省は電力・石油などの業界団体、防衛省は防衛産業、財務省は政府系金融機関の天下り、日本版オリガルヒを形成している。アベノミクスの大規模金融緩和を背景にして巨大国家事業を支え、六〇年を超えた原発を再稼働させようとし、便乗値上げの石油元売りに補助金を出し、防衛費を倍増させようとするなど、非合理的な政策を次々と行っている。それが政権政党の利益集団となり既得権益を形作ったが、ほとんどがうまくいかず、それが新たな不良債権を生み出している。

ところが、いまや日本の低迷する設備投資の中で、インフラ系が高い順位を占めている。その結果、日本はますます情報通信やバイオ医薬やエネルギー転換などの先端技術分野で取り残されていった。そしてそれにつれてリニア新幹線や原発など、鉄道、電力、ガスなどの公益企業を基盤とする日本版オリガルヒは巨大国家プロジェクト、米国製武器製造のライセンス生産にますます依存するようになっており、安倍政権の下ではプーチン型の時代遅れの産業構造へと接近するようになっていたのである。

岸田政権の「新しい資本主義」の中身もしだいに安倍政権や菅政権を引き継ぐようになっている。菅政権が科学技術立国として打ち出した一〇兆円規模の大学ファンド、原発再稼働や小型原発開発の推進が中心にすえているGX(グリーントランスフォーメーション)、アメリカ製兵器の下請けライセンス生産になる防衛費倍増などである。

情報通信産業分野についても、GAFAに追いつけなくなった日本のIT企業を救済するために、マイナンバーという巨大国家プロジェクト=官需に依存する「DX(デジタルトランスフォーメーション)」を「成長戦略」にしている。マイナンバーでは利便性を強調して何でもかんでも個人情報を一つのカードに集めようとしている。しかし、利便性を強調すればするほど、それだけセキュリティが甘くなる。システムそれ自体が持つ「欠陥」だけでなく、ヒューマンエラーによっても、その人の情報が丸裸にされてしまうからである。

いまや、三代目の世襲政治家が政治を支配し、産業衰退とともに日本版オリガルヒが産業政策の前面に出てくるようになっており、中国やロシアのディストピア化と似た道をたどる。ますます自由と多様性と活力が失われていく危険性が高まっている。実際、安倍政権以降、高市早苗元総務相の「電波停止」発言に示されるように、放送免許停止を脅しに使ってテレビメディアに介入し、内閣人事局の人事決定権を背景にして官僚たちに忖度を横行させている。さらに、学術会議のメンバー六名の任命拒否などで科学に政治が介入し、原子力や感染症の分野では研究も現場業務もしない技官という「専門官」が闊歩するようになっている。政権党の暴走にブレーキをかける装置が次々と外されているのである。

日本版オリガルヒの解体が必須だ

前に述べたように、情報通信産業の求心力は大規模な集中メインフレーム型を生み、集中、独占、支配を生む傾向を持ち、遠心力は地域分散・小規模分散ネットワーク型の経済社会の成立を可能にし、フラット化と平等化、個別化と精密化、民主主義の志向をもたらす。現場の日本経済の衰退に対抗する産業戦略は、これまでの大規模集中メインフレーム型つまり重化学工業の大量生産大量消費の経済構造から脱却し、再生可能エネルギーを突破口にして地域分散型で小規模分散ネットワーク型の経済構造へと転換することが基軸になる。蓄電池を入れつつ安定化させながら、ＩＣＴで天候や需要などを予測しつつ電力を調節する情報通信産業がそれを媒介する。そのためには、前述したように、リニア新幹線や原発など時代遅れの巨大国家プロジェクトを断ち切り、日本版オリガルヒを解体することが日本再生にとって必須である。

この間、一九九七年一一月からの金融危機もきちんと処理できなかったが、福島第一原発事故においても同じ無責任体制が繰り返された。日本は危機管理に失敗し、不良債権化した企業経営者の責任を問えなかった。そして日本の電力オリガルヒは、原発事故の経営責任を一切問われないまま、再生可能エネルギーの系統接続を拒否してきたが、いまや新電力潰しに走っている。二〇二〇年一〇月には福島原発事故処理費用(賠償負担金と廃炉円滑化負担金)を、新電力を含む託送料金に乗せた。そして同年、原発や石炭火力などの失敗コストを新電力に負担させるために、電力の安定供給のためと称して「容量市場」を創設した。実際には、北海道胆振東部地震でも明らかなように、大型火力発電はリスクが発生した時にはベースロード電源としては機能しなかったにもかかわらず、である。さらに発送電分離を曖昧にし、東京電力は持ち株会社、関西電力は事業持ち株会社(発電・小売会社)の下に送電会社を子会社化して地域独占を維持しようとしてきた。コロナ禍やウクライナ侵略を背景にした化石燃料価格の高騰を契機にして、八割近い発電量を独占する大手電力会社がまず容量市場で電力を確保したうえで、余剰電力を電力卸売取引所に出すために、価格の暴騰を引き起こし、新電力潰しに走ったのである。

いまや経産省によるエネルギー転換の大きな失敗が、電力・ガスの「公益企業」や政権政党と結びつきが強い企業が日本版オリガルヒになって、日本経済のプーチン体制化とメディア支配をもたらしつつある。日本経済の再生には日本版オリガルヒの徹底した解体から始めなければならない。

自由と多様性と活力

では、なぜ地域分散・小規模分散ネットワーク型の経済構造への転換が必要なのだろうか。その理由を再度考えてみよう。第一に、対外ショックに強い経済構造を作ることである。これまで述べてきたように、情報通信技術を利用した金融資本主義の深化は、バブル循環をもたらし金融市場のボラティリティを一層強めている。さらにロシアのウクライナ侵略に加えて、米中を軸に世界経済のデカップリングが生じている。他方で、日本の産業の国際競争力の低下が著しく、かつ国内の産業の空洞化が進んでいる。リーマン・ショック以降、日本はしだいに貿易赤字が定着化してきている。やがて所得収支も悪化して経常収支が赤字化していけば、日本の巨額の財政赤字はもたないだろう。

ちなみに、日本には金融資産があるので財政赤字はもつのだという非論理がまかり通っているが、日本の金融資産を税金で引っぺがして財政赤字を解消することは簡単にはできない。できるとしたら、「出口のないねずみ講」と化したアベノミクスの金融緩和政策を継続して、円安を加速させ、輸入物価の上昇をもたらす。そして激しいインフレで事実上「課税」して、金融資産とそれに見合う形で、財政赤字をインフレで目減りさせていくしかない。しかもインフレは消費税収を増加させる。

第二章で見た、アベノミクスに見られるように、これまでの円安と賃下げで輸出企業の収益を確保する手法はもはや限界に来ている。「優れた国際競争力」を持つ工業製品の輸出で、いくらでも原材料や食料を輸入できるという加工貿易論はもはや成り立たなくなっている。だとすれば、国際収支の観点からエネルギーと食料の自給率を引き上げなければ、日本経済の将来的な危機を救えない。さらに、自律的な内需を幅広く形成することで、対外ショックに強い地域分散・小規模分散ネットワーク型の経済構造に転換することができなくなってしまう。

第二に、地域分散・小規模分散ネットワーク型経済構造への転換によって、地域コミュニティのボトムから新しい民主主義的な結びつきを創ることである。前述したように、情報資本主義は時間も空間も人間の肉体的な処理量の限界をも超えて、新しいフロンティアを求めている。それは金融資本主義と結びつき、先物主導で未来の時間をも超えようとしている。また流通において空間を超える個人情報を支配しようとしている。公的部門まで市場化の「フロンティア」にしようとした新自由主義の失敗のうえに、事業体、地域、コミュニティを超えた情報空間のグローバル化によって、地域、会社、中間団体、学校などのコミュニティを解体させ、個人を「粒子化」させていく。その一方で、取り返しのつかない格差の広がりの下で、それが先進諸国内部に移民差別やナショナリズムをもたらし、プーチン体制に似た非民主主義的な動きを広げていく役割を果たしている。

こうした動きに対抗するには、人間の基本的ニーズであるエネルギー、食と農、医療や福祉などに関して地域単位の民主主義的決定権を確立することである。情報を分散管理する情報通信技術を使って、人間が生きていく必要条件を自ら決定できる世界を創り出すのである。

第三に、社会基盤を簒奪する「情報独占企業」や人命を奪う軍事技術に傾いた情報通信技術ではなく、中小企業や農業や地域医療など、より人間の基本的ニーズに基づいた技術開発を促す仕組みこそが活力と新しい情報技術の発展を生み出す。システムの開発はある程度不特定多数の攻撃に対するセキュリティよりも、狭い範囲であるがゆえに利便性を優先して作ることができる。またシステムの開発はハードと一体化していないとできないが、小規模なシステム開発が斬新な革新を生む可能性が高い。地域分散・小規模分散ネットワーク型の経済構造は、新しいアイデアが重層的に生まれていく基盤になるのである。それを幅広くボトムから支えるのは、地方大学の情報工学や遺伝子工学の基礎科学と地方の情報関連会社における人材育成の仕組みである。ちなみに、中央のコンサルティング会社が作った企画書と補助金がセットメニューで用意されている「地方創生」事業はますます地域を滅ぼしていくだけである。即刻止める必要がある。

第四に、地域分散・小規模分散ネットワーク型の経済構造は、自由と多様性を守る仕組みだが、全国的なレベルの格差を是正する力は弱いので、情報人権を保護する役割を果たすとともに、依然として最低限の賃金や所得を保証する中央政府の役割はなくならない。地域分散・小規模分散ネットワーク型でも、プログラマー、オペレーター、単純労働者などの新たな分業は拡大してくる。中小企業の事業や生産の効率化、スマート農業、医療や社会保障のネットワークでも、二四時間のOMOで人間行動の限界(睡眠)を超えた新しい制御の仕組みは、従来の熟練の「解体」と生産性の上昇をもたらす。さらにデジタルデバイドによって情報弱者の高齢者や低所得者は不利な地位に甘んじざるをえない。

グローバリズムの下で労働分配率の低下が続く中、情報通信技術を使った金融資本主義がもたらす格差は深刻化しており、ベーシックインカム論が出てくる背景となっている。ところが、国民全員に年金保険料などさまざまな給付をなくし一律に現金給付を行うベーシックインカム論は、財源的に無理があり、かえって格差を拡大させるだけの、ある種の福祉国家解体論に終わる。

グローバリズムやバブルを抑制するリバリッジ規制、あるいは資本移動やタックスヘイブンなど国境を越えるルールの共有が不可欠になるとともに、少なくとも国民国家レベルでも、性差、人種などの雇用差別を禁止し、最低賃金を保証し、所得再分配的な税制で格差と不平等を是正する政策は不可欠なのである。

4　地域からエネルギーと情報と生活のフィードバックを

より現実に目で見える世界を振り返ってみよう。その世界には、化石燃料や原発のエネルギーの奔流と、ネットでの情報の氾濫の中で、グローバルな金融緩和を清算する五〇年周期の大きなカタストロフがやってこようとしている。日本の経済社会は、産業競争力の衰退、対処しようのない膨大な財政赤字と貿易赤字、ぶよぶよに膨らみきった日銀債務の上に、社会保障の解体が重なり、拡大を続ける格差が止まるところを知らず、人口減少を加速化させている。そしてコロナ禍とロシアのウクライナ侵略、そのうえに米中の緊張拡大が続く。

カタストロフの連鎖の中で、より大きなカタストロフを迎える。どのような対応がありうるか。一見すると、なかなか想像がつかない。今のままでもつのではないか、というかすかな望みにかけて自ら思考停止に陥るか、目先の気休めになるような方策を用いてあがいてみせるか。だが、いずれも解決策にはならない。当面を乗り切る短期的な政策だけでは、日本経済も社会保障もとてももたないからである。

現代のカタストロフ論は、分岐点を生み出す背後のメカニズムからの対応を求める。次の「安定的な構造」をどう生み出すかということこそが、本質的なカタストロフ対応策である。そこでのフィードバックの再建には、強い基盤がいる。それは、自立した地域からの再生エネルギーと食の供給を基盤とする産業の再生、教育と医療の確立による。エネルギーと情報を基盤とし、生活の再生産を保てる自分の足で立つ強い基盤が、五〇年周期の大きなカタストロフ＝分岐点の後の「安定的な構造」作りに求められる。破局のメカニズムが、化石燃料や原発での「エネルギーの奔流」と、ウェブを中心とする「情報の氾濫」であり、それが貧困の拡大と生活破壊を生み出しているからだ。

カタストロフにおいて「縮約」が示すように、複雑なシステムを多数含んだ本質的なメカニズムを分析しながら、それを集約させる、よりシンプルで本質的な対応策に行き着く。一見すると、それはかなり昔に失った当たり前の世界を取り戻すことのように見えるが、より高次で新しいイノベーションを含んでいる。すぐそこに新たなロールモデルが立ち現れている。最後に、ひとつの時代を切り拓くロールモデルとなりうる具体例を提示してみよう。

秋田県の大潟村では再生エネルギーによる一〇〇%エネルギー自給を目指している。大潟村は、平成二三年度(二〇一一年度)から再生可能エネルギーの地産地消に関する取組を本格的に開始し、平成二六年度(二〇一四年度)には、大潟村も出資をして「株式会社大潟共生自然エネルギー」を設立し、村有地を活用した大規模太陽光発電を実施している。令和四年(二〇二二年)四月には、村中心エリアにおいて、公共施設、商業施設、県立大学、村営住宅、一般住宅の電力部門の脱炭素化に向けた取組を進めている。取組としては、各施設への太陽光発電設備と蓄電池の設置のほか、隣接村有地に大規模太陽光発電設備と大型蓄電池を設置し、再生可能エネルギーの有効な活用を目指している。

そこでは、たとえば、農地に太陽光パネルを設けるときに、大型農業機械の多い村の状況を考える。米作り中心の産業構造を考え、籾殻《もみがら》をバイオマスとして使えないか考える。さらに、電力だけで村内のエネルギー全体の一〇〇%自給を構想していく。また村内にある県立大学のアグリビジネス学科のキャンパスの活用を組み込む。再生エネルギーによる一〇〇％自給を秋田の村で行うというプランから、エネルギーと情報のフィードバックの再構築を進めていき、日本の食料自給を担う役割も果たしていく。そこに教育も活性化する。さらに、大潟村と横浜市は再生可能エネルギーの連携協定を結び、新たな都市と農村の関係を築いていく。

地球温暖化対策というエネルギーの奔流の中で、ウクライナ戦争で化石エネルギーが高騰するカタストロフがやってきている。一方、日本の先端産業が競争力を失い、米中対立の中で先端的な産業の成長は待ったなしである。大潟村においてはエネルギーと情報を基にした食料自給とエネルギー自給の日本の拠点となることが産業政策の柱になるであろう。そこに教育の重点を置くことにより、コメ中心の農業の危機の中で、独自の産業育成を担っていくことが構想される。こうした環境創造型農業の構想の中で、大潟村人口ビジョンが策定され、人口減少への対応も計画化されてくる(秋田県大潟村「大潟村コミュニティ創生戦略　大潟村人口ビジョン」平成二八年二月、令和二年三月改訂)。

今、グローバルなエネルギーの転換と情報革命をもとに、五〇年周期の大きなカタストロフを迎え、そこにコロナ禍とウクライナ侵略が重なり、世界経済の安定的な成長は分岐点に立っている。日本の経済社会は、九〇年バブルの崩壊から、「失われた一〇年」が三〇年間も続いて繰り返され、次の「安定的な構造」の再建の目処がないまま、グローバルな五〇年周期のカタストロフへ入り込もうとしている。

安易なグローバル化やデジタル社会論、ましてや「身を切る改革」といった根本的に間違った新自由主義的「改革」では、次の安定的な社会は構想できない。そこではフィードバックの再建と、多重的なフィードバックを統合する地域なり、集団なりの現場が求められる。地域からのフィードバックであるエネルギー、情報、教育、医療、食と農の構築から、そのフィードバックを持った地域の相互連携が、次のグローバルな「安定的な構造」を生み出す鍵となるのだ。

あとがき

前著『日本病　長期衰退のダイナミクス』(二〇一六年)は、「周期性のコントロールが消える時」が最後の分析テーマ(第六章)だった。前書の予測通りに事態が進んできた。本書の執筆中にも、新型コロナウィルスの感染の波という生物進化の周期性を実測データで観察できる瞬間に立ち会いながら書いている。同時に経済の面では、五〇年周期のコンドラチェフの波に直面しながら書いている。まさに、本書では大きく変化する生命や経済を周期性で科学することがテーマになった。いよいよ本丸に到達した感覚である。

本書を執筆しながらも、同時進行で一〇〇年ぶりにパンデミックが襲い、五〇年ぶりのスタグフレーションが襲ってきている。アメリカのFRB(連邦準備制度)は、コロナ禍やウクライナ侵略に伴う物価上昇を抑えるために利上げを繰り返し、そのたびに景気後退の懸念が広がってくる。実際、米英諸国は二〇二二年前半からマイナス成長に陥り、ドイツや中国もほぼゼロ成長になっている。米英諸国の利上げは住宅販売や新規着工をともに減少させ、長期金利を下落させる。すると、円安圧力は緩やかになる。まるで交互にボディブローを打たれているようだ。

日本は長年の経済政策の失敗が表面化し、事態をどんどん悪化させている。アベノミクスを九年間も続けたために、もはや「出口のないねずみ講」と化した日銀は金融緩和を脱することができないままでいる。その結果、日米間の金利差が開くばかりだ。しかも大幅円安にもかかわらず、二〇二一年半ばから貿易赤字が巨額に膨らみ続けている。円キャリートレード(超低金利の円で資金調達して高金利の通貨で運用して利ざやを稼ぐ手法)が起きる可能性も高い。このままだと、いずれカタストロフがやってくる可能性を否定できない。

五〇年前に起きたスタグフレーションを思い起こしてみよう。一九七〇年代後半〜一九八〇年代前半と比べてみると、日本の「国力」の衰えは目を覆うばかりである。

まず、日銀の金融政策が柔軟性を著しく喪失している。当時の日銀の政策金利(公定歩合)は九%まで引き上げられ、主要行の長期プライムレートは九・九%まで上がった。ところが、現在はゼロ金利・マイナス金利のままで、投機筋にも足下を見られている状態だ。

つぎに、当時の政府の財政赤字は今と比べものにならないくらい規模が小さかった。中央政府の公債残高の対GDP比で見ると、一九七五年で九・八%、一九八〇年でも二八・四%だったが、いまや一八一%に膨れ上がっている。長期債務残高で見れば、GDPの二倍を超えている。これが日銀の金融政策をがんじがらめに縛っているのだ。

実体経済の強さも比べものにならない。貿易収支は、二度の石油ショックで一時的に貿易赤字に陥ったが、すぐに立ち直り、貿易黒字を拡大させて、「ジャパン・アズ・ナンバーワン」と言われる状況になり、日米貿易摩擦を引き起こしていった。これに対して、第三章で述べたように、現在はリーマン・ショック、そして東日本大震災を契機に貿易赤字が基調になった。そして二〇二一年に入って、貿易赤字は巨額に膨らみ、止まらなくなっている。日本の産業競争力が著しく衰退し、生産拠点の海外移転も進んだからだ。二〇三〇年にガソリン車販売中止を決めている国もあるが、トヨタもホンダもEV化と自動運転が遅れている。貿易黒字を稼いできた自動車産業も厳しい。そうした中で、二〇二二年一月と六月には経常収支も赤字化している。こうした事態が表面化すると、国内で赤字財政をファイナンスすることが難しくなってくる。

さらに五〇年前は列島改造論バブルが起きたが、深刻なバブルは一九八〇年代後半になってからである。脆弱な産業競争力の下で、バブルに依存する度合いが高く、しかももし金利を上げると、日銀の貸付金でかろうじて支えているゾンビ企業(事業収益で借金を返済できない企業)がいっせいに破綻する危険性を秘めている。

今後の世界経済は、米中デカップリング(分断化)に伴って対外経済関係の不安定化が長引いていくだろう。財政金融が危機的な状況にあり産業衰退が進む日本は、カタストロフが現実化する危険性は高い。

財政危機、通貨危機、国民皆保険と年金の危機、人口減少、地方経済の崩落と、周期的なカタストロフが重なり、重大な局面を迎えるのが誰の目にも明らかになる。そうなると、「そのうちなんとかなるだろう」というぬるま湯的な(?)正常化バイアスを誰も信じなくなり、一気に不安と不信が広がる。

経済と社会のカタストロフが重なり、通常の循環とは異なる五〇年に一度のカオス的なカタストロフが来ると、人は生物の進化に答えを求める。一九世紀後半の帝国主義の時代には、ダーウィンの進化論と生存競争が、支配的なドグマとされた。二〇世紀後半の重化学工業の時代には、要素還元論(方法論的個人主義)がセントラルドグマになった。セントラルドグマの「偶然と必然」(ジャック・モノー)の世界観では、生存競争のグローバル化しかアイデアがなく、戦争やパンデミックに対してなすすべもない。そこでは、後に述べるような強権的なやり方への回帰か、いくところまでいく破綻待望論しかない。進むべき科学の方向を正しくくみ取る努力が求められる。

二〇世紀末から、二一世紀初頭の一国覇権論では、「利己的な遺伝子」の延長とも言える稚拙な「歴史の終わり」のような議論さえ用いられた。だが、情報技術の進展を受けたゲノム解読によって、逆にゲノムは環境に支配されるというエピジェネティク・ランドスケープの議論へと大転換する。

エピゲノムの議論に大きな影響を与えたのは、生物の「安定的な構造」が、発生の節目節目で大きな分岐点を迎え、「安定的な構造」が一度カタストロフを迎えて解体し、次の安定的な構造を迎えるというダイナミックなシステム変容の理論であった。

こうした構造が変化するたびに繰り返し現れるカタストロフを系統的に取り扱う、ルネ・トムが示したカタストロフ理論は、光学を中心とした計測科学の進展と、チューリングやノイマンらの情報技術の進展に対応した。そして、初期値の変化がわずかでもある数値を超えると、繰り返す「安定的な構造」を激変させる「バタフライ効果」をローレンツが発見した。ウィルスの増殖をモデル実験したアイゲンは、亜種(群)がエラー・カタストロフを起こすという考え方で、システムがシステムと相互作用して進化するという新しい生命観をもたらした。

それは、これまで考えられてきたように、単純な自然界から複雑な生命が進化するのではないということである。生物の起源についても、複雑な有機物が多彩に合成され、混合と相互作用を繰り返す環境の中から、エネルギーと情報の流れる中で、強烈な周期性の周辺に、細かな多数の周期性が引き込まれ、より複雑に見えるシステムが、動的な「安定的な構造」を持って生み出されるのである。

山中博士によるiPS細胞の発見は、セントラルドグマの根本的な書き直しを求め、RNA制御のネットワークの書き換えが、システムの転換の中心的なメカニズムであることを実証した。同時に、iPS細胞はむしろ中心的な制御系が他の多様な臓器への発展を抑制している状態であることがわかってきた。

だが情報技術の進展は、アメリカやイギリス、ロシアや中国の政府と軍部の情報機関による強権的情報独占の仕組みとして発展し、それがGAFA(米国の巨大IT企業四社)のような巨大情報独占企業による民間への運用で検索システムと人工知能の飛躍的発展を生み出す。

しかし、実際のフィードバックの切れた多数と多数の情報の相互作用だけでは「安定的な構造」を生み出しえない。むしろ格差の拡大を作り出し、情報民主主義をめぐるせめぎ合いは情報産業の中でも矛盾をはらんだものになる。

そうした中で、従来の大学やマスコミの権威主義は危機を迎えている。

日本においては、五〇年周期のカタストロフと、一九九〇年代のバブル崩壊、小泉構造改革、アベノミクスというバブルの生んだカタストロフが、重なり合い、今までの「そのうちなんとかなるだろう」式の無責任体制ではもう立ち行かないことが財政破綻、金融・通貨危機、人口減少、年金と社会保障危機から自明になる。カタストロフの中での、プランBの議論はもっと稚拙なものになる。

まず、次々と敵を作って、思いつきの議論を振り回し、マスコミを支配してそれを正当化する安倍晋三政治の延長の、大阪維新型の「ファシズム」である。

次には、カタストロフが避け難いことが自明となってくると、「ええじゃないか」と乗るような「破綻を前提とした」何でもありのＭＭＴ(Modern Monetary Theory 現代貨幣理論)のカネばらまき路線、参政党のような、カオス期待の方向である。

だが、これらは、よく見れば、反科学主義と知性の衰退を示す安倍政治の派生物にすぎない。本当の問題は、複雑なシステムが、エネルギー、資金、商品、情報の流れの中で、どのように統合した「安定的な構造」に発展できるかというフィードバックの再建である。

それは、地域や時期を踏まえた限定的な領域での、多様なフィードバックをどう再構成できるのかにかかっている。たしかに、それは簡単ではない。そこで思考停止に陥り、何もしなくてすむ「脱成長」論という経済衰退の放任を主張する者も現れる。

だが、現実に正面から向き合う実例はいくつか生まれている。東京都世田谷区の遺伝子工学の専門家らの主導によるＰＣＲの社会的検査を軸にした介護施設と医療機関と行政の信頼関係をもとにしたコロナ対応や、秋田県の大潟村のエネルギーを一〇〇％自給し、農業・教育・産業を結びつけるような、ボトムアップ型の新たな営みを統合していくことが、トップダウンの行政を変えていく。今進みつつあるカタストロフから次の「安定的な構造」への移行は、現実の多重的なフィードバックをどう生み出すのかという、地域の現実から地に足がついた営みが第一歩になるといえよう。カタストロフの状況では一見、消えているように見える複数の現実からのフィードバックを再構築し、「縮約」された大きなシステムの変革を可能にする現代のカタストロフ論を発展させることが必要になっている。

本書にまだ残された課題も多いが、最後に、本書の企画を粘り強く勧めていただき、編集の労をとっていただいた中西沢子さんに感謝して筆をおきたい。

二〇二一年一〇月末日

金子　勝
児玉龍彦

金子 勝

1952年東京都生まれ．1980年東京大学大学院経済学研究科博士課程修了．現在，立教大学大学院経済学研究科特任教授．著書に『市場と制度の政治経済学』(東京大学出版会)，『市場』『新・反グローバリズム』『平成経済 衰退の本質』(岩波書店)，『セーフティーネットの政治経済学』『長期停滞』『閉塞経済』(筑摩書房)ほか多数．

児玉龍彦

1953年東京都生まれ．1977年東京大学医学部卒業．内科医師．現在，東京大学先端科学技術研究センター がん・代謝プロジェクトリーダー．著書に『考える血管』『血管生物学』(以上，共著，講談社)ほか多数．

現代カタストロフ論
—経済と生命の周期を解き明かす　岩波新書(新赤版)1953

2022年12月20日　第1刷発行

著　者　金《かね》子《こ》 勝《まさる》　児《こ》玉《だま》龍《たつ》彦《ひこ》

発行者　坂本政謙

発行所　株式会社 岩波書店
〒101-8002 東京都千代田区一ツ橋2-5-5
案内 03-5210-4000　営業部 03-5210-4111
https://www.iwanami.co.jp/

新書編集部 03-5210-4054
https://www.iwanami.co.jp/sin/

印刷・理想社　カバー・半七印刷　製本・中永製本

ISBN 978-4-00-431953-5　Printed in Japan

岩波新書新赤版一〇〇〇点に際して

ひとつの時代が終わったと言われて久しい。だが、その先にいかなる時代を展望するのか、私たちはその輪郭すら描きえていない。二〇世紀から持ち越した課題の多くは、未だ解決の緒を見つけることのできないままであり、二一世紀が新たに招きよせた問題も少なくない。グローバル資本主義の浸透、憎悪の連鎖、暴力の応酬——世界は混沌として深い不安の只中にある。

現代社会においては変化が常態となり、速さと新しさに絶対的な価値が与えられた。消費社会の深化と情報技術の革命は、種々の境界を無くし、人々の生活やコミュニケーションの様式を根底から変容させてきた。ライフスタイルは多様化し、一面では個人の生き方をそれぞれが選びとる時代が始まっている。同時に、新たな格差が生まれ、様々な次元での亀裂や分断が深まっている。社会や歴史に対する意識が揺らぎ、普遍的な理念に対する根本的な懐疑や、現実を変えることへの無力感がひそかに根を張りつつある。そして生きることに誰もが困難を覚える時代が到来している。

しかし、日常生活のそれぞれの場で、自由と民主主義を獲得し実践することを通じて、私たち自身がそうした閉塞を乗り超え、希望の時代の幕開けを告げてゆくことは不可能ではあるまい。そのために、いま求められていること——それは、個と個の間で開かれた対話を積み重ねながら、人間らしく生きることの条件について一人ひとりが粘り強く思考することではないか。その営みの糧となるものが、教養に外ならないと私たちは考える。歴史とは何か、よく生きるとはいかなることか、世界そして人間はどこへ向かうべきなのか——こうした根源的な問いとの格闘が、文化と知の厚みを作り出し、個人と社会を支える基盤としての教養となった。まさにそのような教養への道案内こそ、岩波新書が創刊以来、追求してきたことである。

岩波新書は、日中戦争下の一九三八年一一月に赤版として創刊された。創刊の辞は、道義の精神に則らない日本の行動を憂慮し、批判的精神と良心的行動の欠如を戒めつつ、現代人の現代的教養を刊行の目的とする、と謳っている。以後、青版、黄版、新赤版と装いを改めながら、合計二五〇〇点余りを世に問うてきた。そして、いままた新赤版が一〇〇〇点を迎えたのを機に、人間の理性と良心への信頼を再確認し、それに裏打ちされた文化を培っていく決意を込めて、新しい装丁のもとに再出発したいと思う。一冊一冊から吹き出す新風が一人でも多くの読者の許に届くこと、そして希望ある時代への想像力を豊かにかき立てることを切に願う。

（二〇〇六年四月）